Was erfahrene Führungskräfte wissen sollten

Alexandra Götze

Was erfahrene Führungskräfte wissen sollten

Überraschende Denkfehler im Management und wie Sie sie vermeiden

Alexandra Götze
Business Coaching
Wiesbaden, Deutschland

ISBN 978-3-658-26575-5   ISBN 978-3-658-26576-2 (eBook)
https://doi.org/10.1007/978-3-658-26576-2

Die Deutsche Nationalbibliothek verzeichnet diese Publikation in der Deutschen Nationalbibliografie; detaillierte bibliografische Daten sind im Internet über http://dnb.d-nb.de abrufbar.

Springer Gabler
Springer Gabler ist ein Imprint der eingetragenen Gesellschaft Springer Fachmedien Wiesbaden GmbH und ist ein Teil von Springer Nature.
Die Anschrift der Gesellschaft ist: Abraham-Lincoln-Str. 46, 65189 Wiesbaden, Germany

„… das Saitenspiel unsrer Gedanken, das macht uns zu denen Menschen, die wir sind. "
Johann Gottfried Herder

Vorwort

„Hätte ich das bloß früher verstanden … dann wäre mir einiges an Stress erspart geblieben!"

Wie oft habe ich das schon gedacht, seitdem ich aus dem Angestelltenverhältnis ausgeschieden bin und keine Mitarbeiterverantwortung mehr trage!

Fast 20 Jahre war ich als Führungskraft in Unternehmen angestellt. Jetzt bin ich seit sieben Jahren als Beraterin selbstständig. Ich stelle mir auch heute gelegentlich die Frage, ob ich vielleicht noch in meinem Job wäre, wenn ich mir damals die Zeit genommen hätte, mir das, was ich bereits wusste, klar vor Augen zu führen und konsequent danach zu leben?

Was war es, das ich wusste, aber nicht „lebte"? Nun, es ist nichts, was Sie als Führungskraft nicht auch schon lange wissen. Nichts, was Sie nicht schon seit vielen Jahren über „gute Führungsarbeit" gehört oder gelesen haben, und nichts, was Sie selbst nicht schon zu Ihren Führungskräften oder Mitarbeitern gesagt haben:

Ich wusste, …

… dass ich den anderen nicht ändern kann, sondern nur mich selbst.

… dass ich die Dinge aus verschiedenen Blickwinkeln betrachten muss und dass meine Gedanken und Ansichten nicht der Weisheit letzter Schluss sind.

… dass ich die Stärken meiner Mitarbeiter festigen und meine Kraft und Konzentration nicht auf deren Schwächen fokussieren sollte.

… dass es wichtiger ist, richtig zuzuhören, statt in Gedanken schon die Antwort zu formulieren, während der andere noch spricht.

… dass ich besser keine anderen Dinge erledigen sollte, während ich mit meinen Mitarbeitern spreche.

… dass es ineffizient ist, Meeting für Meeting ohne Unterbrechung aneinanderzu-
reihen, weil mir so die Zeit fehlt, sie aufzuarbeiten.

… dass es besser ist, bei großer Wut über eine E-Mail erst mal eine Nacht darüber
zu schlafen, statt direkt eine gepfefferte Antwort zu verschicken und auch noch
zehn Personen in CC zu setzen.

Mein Wissen war offensichtlich nicht das Problem. Mich jedoch meinem Wissen
gemäß zu verhalten, fiel mir offensichtlich sehr schwer. Außerdem war mir nicht
klar, wie sehr ich dadurch auch meinen Stresslevel in die Höhe trieb.

In meinen „Ampelmomenten" – das sind die Sekunden, die ich an einer roten
Ampel warte und in denen mir der ein oder andere Gedanke durch den Kopf
schießt – wurde mir im Laufe der Jahre klar:

▶ Immer, wenn ich mich selbst mal wieder ermahnt hatte, gelassener
   an meinen Job heranzugehen und mir die Aussagen meiner Chefs,
   Kollegen oder Mitarbeiter nicht so zu Herzen zu nehmen, beendete
   ich diese Denkschleife mit dem Satz: „Aber die anderen sind doch
   genauso!"

Ich war im Laufe der Jahre zu der Überzeugung gekommen, dass mein Verhalten
den Erwartungen entsprach, die mein Arbeitsumfeld an mich stellte: „So macht
man es halt bei uns". Das Risiko, gegen den Strom zu schwimmen, konnte und
wollte ich in meiner Position nicht eingehen.

Durch meinen jetzigen Beruf als Coach und Beraterin habe ich festgestellt, dass
es etlichen langjährigen Vorgesetzten ähnlich ergeht, wir mir damals: Das Wissen,
das eine Führungskraft braucht, um im Job stressfreier und zufriedener zu sein, ist
auch bei ihnen da. Wie dieses Wissen auf sich selbst anzuwenden ist, jedoch nicht.
Es scheint, als fehle es an einem persönlichen „Warum?", also an einem subjektiven Grund, der den Einzelnen veranlasst, sein Wissen schlussendlich ins Handeln
zu transformieren, umzusetzen.

Es fehlte mir damals auch an brauchbaren Modellen, Ideen, Erklärungen, die
mir hätten helfen können zu erkennen, welchen persönlichen Nutzen ich von einer
solchen (für mich drastischen) Verhaltensveränderung haben würde.

Warum sollte ich mich ändern, wenn alle anderen so blieben, wie sie sind? Ich
fragte mich: Gehe ich dann nicht unter im Job? Ziehen alle anderen an mir vorbei?
Werde ich zum sogenannten Gutmensch oder gar für dumm verkauft? Wenn nahezu alle Führungskollegen Meeting an Meeting planen und bei Shit-E-Mails die
halbe Firma in CC setzen – warum soll ich dann damit aufhören?

Mit diesem Buch möchte ich versuchen, dieses „Warum?" näher zu beleuchten, indem ich Ihnen unter anderem einige Erklärmodelle vorstelle, die bereits meinen Klienten dabei geholfen haben, den *persönlichen* Nutzen, das eigene „Weil!" für eine gewünschte Verhaltensveränderung zu definieren.

Eine Verhaltensveränderung, die hilft, Stress abzubauen, im Umgang mit dem Gegenüber gelassener zu werden und sich die Zeit zu nehmen nachzudenken.

Für die im Buch genannten Erklärmodelle bediene ich mich der Beschreibungen von namhaften Autoren, Coaches, Philosophen oder Wissenschaftlern. Alles Menschen, die es meines Erachtens geschafft haben, etwas mehr „Beef" an oft sehr abstrakte Ansätze und Empfehlungen zu bringen.

Damit haben sie sie verständlicher und nachvollziehbarer gemacht und vermeintlich „schwierige" Inhalte so formuliert, wie ich es gerne schon in meiner Zeit als Führungskraft gehört hätte und nicht erst später.

Ob mein Versuch funktioniert, bleibt jedoch sehr fraglich.

Denn natürlich ist mir bewusst, dass sich jeder in seiner eigenen Denkschleife bewegt, seiner eigenen Wahrheit und Logik folgt und Erklärungen nur aufgrund eigenen Wissens und eigener Erfahrungen finden kann. Das bedeutet gezwungenermaßen, dass ich mit großer Sicherheit weder den Ideen und Ansichten der Urheber zu 100 % gerecht werde, noch muss das, was ich als „nachvollziehbar und brauchbar" für dieses Buch bewertet habe, auch für Sie zutreffen.

▶ Und trotzdem wage ich mich frohen Mutes an dieses Buch.

Zum einen, weil mir meine Klienten zurückmelden, dass für sie diese Erklärmodelle funktionieren, sie sich nicht mehr so gestresst oder auch „fremdgesteuert" fühlen. Und das lässt mich hoffen, dass es bei Ihnen auch so sein möge.

Und zum anderen, weil ich das Buch auch nicht *nicht* schreiben kann. Denn ich möchte mir zukünftig nicht mehr die Frage stellen, ob mein Vorhaben hätte funktionieren können, den Menschen, die in einer ähnlichen Lage wie meine Klienten sind, mit diesem Buch neue Denkanstöße zu geben.

PS:

Noch eine Anmerkung zum Thema „Gender" und zum Thema „Verschwiegenheit" in diesem Buch:

Gender

Mit etwas Zähneknirschen habe ich mich dazu entschieden, für die Erleichterung des Leseflusses überwiegend die männliche Form von Substantiven zu verwenden. Meiner Erfahrung nach gilt der Begriff „Coach" sowieso für die männliche und weibliche Form. Ich habe den Begriff „Coachin" im Duden gefunden, jedoch finde ich diesen zugegebenermaßen ziemlich befremdlich, daher war die Entscheidung hier für mich einfach.

Bei dem Begriff „Klient" oder „Kunde" ist das selbstverständlich etwas anderes! In diesem Buch möchte ich daher **immer** auch die weibliche Form (Kundin, Klientin, Mitarbeitern, Chefin, Kollegin …) in meine Texte mit einbezogen wissen.

Verschwiegenheit

Sämtliche personenbezogenen Daten meiner Klienten unterliegen selbstverständlich meinem größten Schutz und meiner Verschwiegenheit. Daher sind alle Namen und Berufsbezeichnungen in diesem Buch frei erfunden. Die Beispiele aus Gesprächen mit meinen Klienten sind Gedächtnisprotokolle, die keinen Rückschluss auf Personen oder Unternehmen zulassen.

Wiesbaden, im Mai 2019   Alexandra Götze

Was Sie wissen sollten, bevor Sie dieses Buch lesen

Dieses Buch hilft Ihnen, Ihr Denken zu überdenken.

Es unterstützt Sie dabei, Stress zu vermeiden und Gelassenheit zu gewinnen. Es hilft Ihnen, Ihre Ziele zu erreichen, und es zeigt Ihnen, wie Sie Fehleinschätzungen vermeiden, damit Sie funktionale Entscheidungen treffen können.

Alles, was Sie dafür einbringen müssen, ist etwas, …

… von dem Sie vielleicht glauben, es nicht zu haben: Zeit.

… von dem Sie wahrscheinlich hoffen, ein wenig zu haben: Disziplin.

… von dem Sie vermutlich denken, es ausreichend zu haben: Erfahrung.

Ihre Beweggründe, dieses Buch zu kaufen, sind selbstverständlich subjektiv. Und doch eint Sie als Leser, so vermute ich, vor allem eins: Sie möchten in der heutigen Arbeitswelt den Überblick behalten und wirkungsvoll arbeiten: Das was Sie tun, soll funktionieren!

Dieses Buch unterstützt Sie dabei, und daher gebe ich Ihnen noch vor Ihrem „eigentlichen" Lesestart die folgende Information mit auf den Weg: Die Denkfehler, die ich Ihnen in den nachfolgenden Kapiteln beschreiben werde, sind nicht deswegen „überraschend", weil sie völlig neu und noch nie dagewesen wären. Im Gegenteil! Die Denkfehler, die hier beschrieben werden, sind für Sie als erfahrene Führungskraft thematisch ein alter Hut.

▶   Das, was an den Denkfehlern überraschend ist, ist die geringe Be-
    achtung und Bearbeitung, die ihnen geschenkt wird, obwohl Sie für
    einen Großteil der Dysfunktionalität (Fehlfunktion/Funktionssö-
    rung) verantwortlich sind, die Führungskräfte heute bei ihrer Arbeit
    feststellen:
        Indem Führungskräfte die eigenen **Überzeugungen** als gege-
    ben und unveränderbar annehmen, dem Thema **„Kommunika-
    tion"** stiefmütterliche Aufmerksamkeit widmen und indem sie die
    eigene **Arbeitsmethodik** maßgeblich überschätzen, machen sie
    sich das Leben schwer.

Die gute Nachricht: Das Korrigieren dieser Denkfehler benötigt weder spezielles
Fachwissen noch komplizierte Tools oder Techniken.

Anhand von Fallbeispielen aus der Arbeit mit meinen Klienten und mithilfe von
Erklärmodellen aus den unterschiedlichsten Wissenszweigen werde ich Ihnen aufzeigen, wie Sie Ihre Denkfehler korrigieren oder auflösen können. Alles, was Sie
dazu beisteuern müssen, ist das, um was ich Sie bereits gebeten habe: Zeit, Disziplin und Ihr Erfahrungswissen.

Wenn Sie also bereit sind, Ihrem Denken ausreichend Zeit zu widmen, die gewünschte Verhaltensänderung mit eiserner Disziplin zu trainieren und wenn Sie –
und das ist die größte Herausforderung – den Willen aufbringen, Ihre langjährige
und liebgewonnene (Führungs-) Erfahrung zu hinterfragen, zu korrigieren und gegebenenfalls auch zu ignorieren, dann werden sich die nachfolgenden Seiten für
Sie lohnen und Ihnen eine erkenntnisreiche Lektüre bescheren.

Aus den Gesprächen mit heutigen Führungskräften

„Finden Sie, dass die Führung Ihrer Mitarbeiter schwieriger ist als noch vor fünf bis zehn Jahren?" „Verspüren Sie zunehmend Frustration und haben Sie das Gefühl, dass Ihr Job Sie mehr aufreibt als früher?"

Oftmals brauchen meine Klienten nicht lange zu überlegen, wenn ich ihnen diese Frage im Führungskräftecoaching stelle: „Auf alle Fälle" oder „Genau so ist es", so antworten sie häufig recht schnell.

Wenn ich sie daraufhin bitte, diesen Eindruck zu begründen, erläutern mir meine Kunden, dass das veränderte Arbeitsumfeld es für sie immer schwerer macht, Mitarbeiter zu führen, da es Erklärungen verlangt, die sie oft selbst nicht haben.

Erklärungen für Veränderungen, die heute als „(Change) Prozess" verargumentiert werden, doch niemals wirklich ein Ende finden. Heute sind „Prozesse" in den Unternehmen nicht mehr als ein Dauerzustand von Anpassungen und Wandlungen, den die Führungskräfte mit häufig zu wenigen Ressourcen in immer kürzeren Zeitabständen bewältigen müssen.

Dazu kommt: Ihre eigene Erfahrung ist auf diese Art der Veränderungen immer weniger anzuwenden. Irgendwie will es nicht mehr passen: Das, was mal funktioniert hat, greift nicht mehr richtig. Seien es die eigenen Erfahrungen in der Menschenführung oder im Projektmanagement. Der Mensch, die Projekte ... alles scheint komplizierter, aufwendiger und ist nur noch mit sehr viel Aufwand und Stress steuerbar.

▶   Stress – zu dieser Aussage würde ich mich hinreißen lassen – ist
      wohl *der* gemeinsame Nenner, der vorrangige Grund, warum meine
      Klienten einen Führungskräftecoach aufsuchen.

Stress – die körperliche und psychische Reaktion auf Vorkommnisse, mit denen
erfolgreich umzugehen für Menschen so bedeutend und zugleich so beunruhigend
ist.

Stress, der sich nun mal bei jedem anders äußert und entwickelt, weil er von
äußeren Anlässen und persönlichen Bedürfnissen abhängt.

Hinsichtlich der äußeren Anlässe und Anforderungen sind meine Gesprächspartner häufig sehr gut informiert und klar: Nahezu alle sind sich dessen bewusst,
dass die Entwicklungen, die aus der Digitalisierung und der Globalisierung hervor-
gehen, den eigenen Arbeits- und Führungsalltag massiv beschleunigen. Sie kennen
die Vor- und Nachteile einer maximal vernetzten Welt und spüren die Dynamik des
alltäglichen Wettbewerbs, der sich bis in die letzte Ecke ihres Jobs auswirkt.

Doch scheinbar ist das Wissen ob der äußeren Einflüsse immer weniger mit den
persönlichen Bedürfnissen und Anforderungen vereinbar. Das „Was (macht mir
den Stress?)" scheint klar – das „Wie (gehe ich damit um?)" jedoch nicht – und so
reagieren (von Agieren kann keine Rede mehr sein) meine Kunden im Führungsalltag in einer Mischung von Routine und Ratlosigkeit.

Ich arbeite mit meinen Kunden daran, dass sie sich der Unplanbarkeit und Un-
durchschaubarkeit der Arbeitswelt bewusst werden und die nötigen und anstehen-
den Veränderungen in der Arbeitswelt nicht als Prozess „bagatellisieren", sondern
als eine Konstante akzeptieren.

Meine Kunden üben sich zudem darin, das eigene Denken und die eigenen
Überzeugungen zu hinterfragen, da diese einen essenziellen Einfluss auf ihr Handeln haben.

Als Führungskraft müssen Sie sich und Ihr Team erfolgreich leiten und steuern.
Dies funktioniert meist besser, wenn Sie in der Lage sind, Ihre eigene Wahrneh-
mung und Ihr Denken kritisch zu hinterfragen, damit Sie erkennen, an welcher
Stelle Sie an persönlichen Überzeugungen hängen, die Sie auf eine falsche Fährte
locken und Ihre Ziele nicht erreichen lassen.

Machen Sie sich klar: Ihr Denken bestimmt Ihren Stresspegel und dieser wiederum lässt Sie Aufgaben gelassen bewältigen oder eben auch nicht.

Denn Stress ist nichts, was per se irgendwo „da draußen" ist. Stress entsteht im
Kopf und wird auch nur da aufgrund der eigenen Überzeugungen, des eigenen
Denkens aufrechterhalten.

▶ **Führung** In der Hoffnung auf ein eingängiges Verständnis der nachfolgenden Inhalte definiere ich für dieses Buch den genutzten Begriff „Führung" folgendermaßen:

Unter Führung ist das Handeln einer Führungskraft zu verstehen. Also das, was diese entscheidet zu *tun*, damit sie mit ihrem Team die Ziele und Zwecke des Unternehmens erreichen kann.

Die Beschreibung bezieht das Verhalten der Führungskraft mit ein, womit nicht nur das Verhalten gemeint ist, das von außen zu beobachten ist, sondern auch das, was im Inneren dieser Person stattfindet, und zwar in Bezug auf ihre Selbstführungskompetenz.

Ziel dieses Buches ist es, Führungskräften Impulse zur Selbstreflexion zu geben und das sehe ich mit dieser Definition von Führung am ehesten erreicht, auch wenn ich mir bewusst darüber bin, dass ich für meine Beschreibung Unterscheidungen getroffen habe, die sehr wichtige Einflussfaktoren einer Führungsfunktion außer Acht lassen, zum Beispiel die Anforderungen des Unternehmens und des Marktes.

Inhaltsverzeichnis

Selbststeuerung: Viel denken, doch nichts ist durchdacht

1

Vom Umgang mit den persönlichen Überzeugungen, Annahmen und Erfahrungen

Zusammenfassung

Natürlich wissen Sie, dass Sie den anderen nicht ändern können, sondern nur sich selbst. Sie wissen das schon lange, verhalten sich aber nicht danach.

Natürlich wissen Sie, dass Ihnen Ihre Erfahrung nur zeigt, wie etwas funktioniert hat und nicht, wie es funktionieren wird. Sie wissen das schon lange, verhalten sich aber nicht danach.

Natürlich wissen Sie, dass Sie in Ihrem Denken nicht immer richtig liegen. Sie wissen das schon lange, verhalten sich aber nicht danach.

In diesem Kapitel geht es um die Art und Weise Ihres Denkens und welchen Einfluss dieses auf Ihr Verhalten hat. Es geht darum, etwas, dass Sie schon lange zu wissen glaubten, noch mal neu zu bewerten. Und zwar so, dass Sie womöglich den Nutzen erkennen, sich nun tatsächlich entsprechend Ihres Wissens zu verhalten.

Durch Praxisbeispiele, theoretische Erklärmodelle und Hypothesen werden Sie aufgefordert, Ihre Denkgewohnheiten und Ihre Erfahrungen auf den Prüfstand zu stellen, um neu über Altes nachzudenken. Neu im Sinne von „anders". Alt im Sinne von „sicher geglaubt".

Ein Kapitel für die …

… die hier und da an die Grenzen ihrer Gelassenheit stoßen und ahnen, dass das auch etwas mit dem eigenen Denken zu tun hat.

© Springer Fachmedien Wiesbaden GmbH, ein Teil von Springer Nature 2019
A. Götze, *Was erfahrene Führungskräfte wissen sollten*,
https://doi.org/10.1007/978-3-658-26576-2_1

… die sich nicht mehr über andere aufregen wollen, doch bisher nicht genau verstanden haben, wie das gehen kann.

… die die Antworten hierzu nicht scheuen und bereit sind, sich Zeit zum Denken zu nehmen.

1.1   Paradigmenwechsel. Die neue Führungskompetenz?

Wahrscheinlich kennen Sie die Aufrufe in den unterschiedlichsten Tages-und Fachzeitschriften, die Sie als Führungskraft auffordern, sich endlich einem Paradigmenwechsel zu unterziehen: „Werfen Sie Ihr altes Denken über Bord und machen Sie sich bereit für die neue Arbeitswelt!"

Keiner kann so genau sagen, wie diese neue Arbeitswelt denn jetzt tatsächlich für alle aussieht, geschweige denn, wie es sich in ihr (über)leben lässt. Aber trotz aller Unklarheiten scheint eins unumstößlich festzustehen: Für Führungskräfte wird die neue Arbeitswelt kein Zuckerschlecken, wenn sie nicht endlich lernen, sich von ihren Paradigmen (Grundauffassungen) zu verabschieden. Und so heißt es: Weg mit dem alten Muster – hin zu … ja, wohin eigentlich?

Das Problem in dem Aufruf an Führungskräfte nach einem „Wandel der Grundauffassungen" liegt nicht darin, dass Entscheider aufgefordert sind umzudenken. Das Problem ist die scheinbare „Allgemeingültigkeit" die dieser Aufruf transportiert:

▶   Ein Paradigma, eine Grundauffassung, ein Denkmuster oder auch
        Denkstil, ist subjektiv. Es ist Ihre Art zu denken, es sind Ihre Über-
        zeugungen, Motive oder Glaubenssätze. Hierüber die allumfas-
        sende Weisung zu formulieren, diese zu „wechseln" verpufft wir-
        kungslos.

Es gibt nicht das eine Denkmuster, das alle Führungskräfte eint und entsprechend handeln lässt.

Es gibt so viele unterschiedliche Paradigmen wie es Menschen auf dieser Welt gibt. Eine allumfassende Forderung nach einem Paradigmenwechsel täuscht also eine Homogenität vor, die nicht existiert.

Natürlich können wir vor der Aufgabe stehen, unsere Paradigmen zu wechseln, weil sich unsere Umwelt stark verändert und uns zu diesen „Anpassungen" zwingt (und das ist es wahrscheinlich auch, was die Verfechter des Ausrufs „Führungskräfte brauchen einen Paradigmenwechsel" uns sagen wollen.)

Aber ohne einen eigenen Nutzen in diesem Wechsel zu erkennen, kann es ein sehr schwerer und zäher Prozess werden, fürchte ich. Denn das, was ich zu Beginn eines Coachingprozesses von meinen Kunden höre, macht nicht den Eindruck eines dringend nötigen Paradigmenwechsels: „Frau Götze, mir ist klar, dass wir in einer dynamischeren Welt arbeiten und alles schneller geworden ist. Aber was, um Himmels willen, hat das mit meinem Denken zu tun?"

▶ **Denkmuster** Fortan werde ich in diesem Buch hauptsächlich das Wort „Denkmuster" statt „Paradigma" verwenden, da es mir verständlicher erscheint.

Diese Ansicht von Vorgesetzten ist, meiner Einschätzung nach, weit verbreitet und auch in den Medien wird dieses Thema immer wieder behandelt. Hier wird, um dem Einzelnen die Nutzendefinition des Wechsels zu erleichtern, mit „Weg-von-hin-zu-Listen" gearbeitet. Diese sollen aufzeigen, welches neue Denkmuster das alte Denkmuster ablösen muss, damit Ihnen das Führen in einer globalen und digitalen Welt auch wirklich gelingen kann.

Mir kommen hierzu drei prominente Beispiele in den Kopf, die wir ständig (teilweise schon über Jahre) zu lesen bekommen:

a. „Weg von Hierarchien, hin zur Kooperation."
b. „Weg von Kontrolle, hin zu Vertrauen."
c. „Weg von der Direktiven, hin zur coachenden Führungskraft."

Mal ganz abgesehen davon, dass es bei diesen Beispielen an detaillierten Begriffsklärungen fehlt (schließlich hat jeder seine eigene Definition von „Vertrauen"), sind die geforderten „Soll-Zustände" meist zu pauschal und zusammenhanglos dargestellt.

Schlimmer noch: Die Ideen zur persönlichen Umsetzung dieser geforderten Veränderungen bleiben völlig im Schatten und lassen die Verantwortlichen in ihrem Tun allein.

Wie oft treffe ich auf Klienten, die mir sagen, dass sie jetzt auch noch ihre Mitarbeiter coachen sollen, wo sie doch schon für die eigentliche Führungsarbeit kaum Zeit haben. Und ich erinnere mich an einen Klienten, der mir erzählte, dass er jetzt auch noch das Thema „Agiles arbeiten" auf seiner To-do-Liste hätte.

Im schlimmsten Fall lösen diese „Weg-von-hin-zu-Empfehlungen" bei den Führungskräften ein sehr widersprüchliches Verhalten aus, und so wundern sich Mitarbeiter, warum man vom Chef seit Neuestem zwar nach den eigenen Ansichten gefragt wird, er diese dann aber niemals umsetzt oder in Angriff nimmt.

Diese Empfehlungen, die Sie in der „neuen Arbeitswelt" überleben lassen sollen, fehlt es aber nicht nur an Begriffsklärung und brauchbaren Umsetzungsideen. Sie sind schlussendlich auch schädlich für Sie, da sie Widersprüche enthalten, die Sie in ein ordentliches Rollendilemma bringen könnten:

Die Aufforderung an Führungskräfte „Sei kooperativ!" ist zum Beispiel dann nicht mehr darstellbar, wenn es darum geht, dass Führungskräfte das tun, was sie von Nicht-Führungskräften unterscheidet: finale Entscheidungen zu treffen! Kooperativ im Sinne von „gemeinsam" oder „zusammenarbeitend" ist als Grundstimmung zwischen Team und Führungskraft zwar empfehlenswert.

In letzter Instanz jedoch – eben bei einer wichtigen Entscheidung, die nur der Verantwortliche treffen kann oder muss, – greift das „Gemeinsam" nicht mehr.

Ganz ähnlich verhält es sich mit dem Aufruf, Führungskräften sei die Kontrolle der Mitarbeiter abzusprechen. Eine maßgebliche Aufgabe von Führungskräften ist allerdings die Kontrolle der Umsetzung ihrer getroffenen Entscheidungen durch den Mitarbeiter.

Führungskräfte werden dafür verantwortlich gemacht, wenn Qualität und Output der Arbeit des Teams nicht stimmen. Daher sind sie gut beraten, diese in regelmäßigen Abständen zu kontrollieren. *Wie* diese Kontrolle dann tatsächlich aussieht, sagt wiederum viel über das eigene Denkmuster aus.

Wer eher dazu tendiert mit Misstrauen zu führen, dem könnte eine Veränderung des Denkmusters nicht schaden. Prinzipiell jedoch diese Kontrolle in Abrede zu stellen, kann im schlimmsten Fall tödlich für den Mitarbeiter sein.

Daher: Über den allgemeingültigen Wechsel der Denkmuster bei Führungskräften zu diskutieren, ist daher wenig zielführend.

▶   Die Antwort auf die Frage, ob es eines Wechsels im Denken bedarf, ist eine subjektive Entscheidung: Ist Ihr Handeln (das Ihrem Denkmuster folgt) zweckmäßig und bringt es Sie zu dem Ziel, das Sie und Ihr Team anstreben? Warum sollten Sie dieses Denkmuster dann wechseln?

1.2   Muster erkennen lernen

Lässt Sie der letzte Satz mit einem guten Gefühl zurück? Endlich ist mal ausgesprochen, was Sie schon immer wussten: Der Paradigmenwechsel bei Führungskräften kann doch nun wirklich nicht die einzige Lösung für die mannigfaltigen Probleme der Arbeitswelt sein.

Natürlich nicht! Unzählige Ursachen sind der Grund für die Rast- und Ratlosigkeit vieler Chefs und Mitarbeiter, aber genau deswegen gilt es, sich auf das zu konzentrieren, was man selbst überhaupt noch in der Hand hat und beeinflussen kann: das eigene Denken.

Ihre Aufgabe besteht also zunächst nicht darin, Ihr Denkmuster zu verändern.

▶ Ich behaupte jedoch: Auch wenn Sie Ihr Denkmuster nicht ändern wollen – so müssen Sie zumindest wissen, wie es aussieht.

Vielleicht fragen Sie sich: „Wieso muss ich wissen, wie mein Denkmuster aussieht, wenn ich es sowieso nicht ändern will? Für mich funktioniert doch alles, warum dann dieser Aufwand?"

Und meine Rückfrage lautet: „Möchten Sie gerne von einem Menschen geführt werden, der es unnötig findet, die eigenen Überzeugungen zu hinterfragen?"

▶ Sich mit dem eigenen Denkmuster auseinanderzusetzen ist eine Investition in Selbsterkenntnis und Selbstführungskompetenz.

Und da Sie selbst wahrscheinlich schon von einigen Chefs geführt worden sind, kennen Sie den Unterschied – zwischen Chefs, die in der Lage sind, sich selbst kritisch zu hinterfragen und sich selbst zu führen, und Chefs, die per se der Meinung sind, dass ihre Gedanken und Ansichten der Weisheit letzter Schluss sind.

Erwartungen

Ich gehe davon aus, dass Sie sich das ein oder andere Mal schon gefragt haben, was Ihre Mitarbeiter von Ihnen als Chef erwarten. Wenn ich meinen Klienten diese Frage stelle, nennen sie zumeist das, was sie sich selbst von ihrem Vorgesetzten wünschen und legen es entsprechend auch für ihre Mitarbeiter aus: „Ich denke, meine Mitarbeiter erwarten von mir, dass ich ihnen freie Hand lasse …", „… dass ich mich vor sie stelle, wenn es brenzlig wird.", „… aber vor allem natürlich, dass ich Entscheidungen treffe."

Für mich ist es jedes Mal spannend, mit meinen Kunden detaillierter über das Thema „Entscheidung" zu diskutieren.

Denn zunächst ist es für viele Führungskräfte gar nicht so leicht, genau zu spezifizieren, was die Mitarbeiter wohl in Bezug auf die Entscheidungsfindung von ihnen erwarten. Aufgrund der unterschiedlichsten Gespräche, die ich zu dem Thema geführt habe, würde ich sagen, dass die nachfolgenden Erwartungen auf ein Gros der Mitarbeiter zutreffen:

Ihre Mitarbeiter …

… dürfen von Ihnen erwarten, dass Sie in der Lage sind, Entscheidungen zu treffen. Und zwar just in den Momenten, wo die Situation unklar ist und es an ausreichenden Informationen fehlt.

… dürfen von Ihnen erwarten, dass Sie Entscheidungen treffen, für das, was heute für morgen zu tun ist, obwohl Sie nicht wissen können, wie dieses „Morgen" aussehen wird.

… dürfen von Ihnen erwarten, dass Sie in der Lage sind, diesem Stress der Entscheidungsfindung zweckmäßig und durchdacht zu begegnen.

… dürfen von Ihnen erwarten, dass Sie das Risiko von Fehlentscheidungen so gering wie möglich halten.

… dürfen von Ihnen erwarten, dass Sie für die Umsetzung der getroffenen Entscheidungen sorgen.

Da Ihre Entscheidungen von Ihrem Denkmuster abhängig sind, macht es sehr viel Sinn, sich selbst darüber bewusst zu sein, wie dieses Muster aussieht. Mehr noch: Im Prozess der Entscheidungsfindung ist eine prinzipielle Skepsis gegenüber den eigenen Überzeugungen hilfreich, ebenso das Infragestellen von allem, was selbstverständlich zu sein scheint.

Fragen Sie sich:

a. Bin ich mir meines Denkmusters bewusst? Wusste ich überhaupt, dass ich eine eigene Art habe, über Dinge nachzudenken?

b. Kenne ich die Struktur meines Denkmusters und weiß ich daher, welche Annahmen für mich in Stein gemeißelt sind?

c. Welchen Vorurteilen sitze ich auf und welche Weltanschauung habe ich?

Können Sie sich diese Fragen beantworten? Falls nicht, machen Sie sich bitte keine Gedanken! Dies sind beim besten Willen auch keine Fragen, die man mal eben so im Vorbeigehen beantwortet.

Die Art und Weise des eigenen Denkens in Worte zu fassen, ist prinzipiell keine leichte Aufgabe. Vielleicht hilft es Ihnen daher, wenn ich die Fragen etwas anders stelle:

a. Erklären Sie sich Ihre Erfolge und Misserfolge anhand eines kausalen Zusammenhangs, im Sinne von „Weil ich dies verändert habe, ist jenes besser oder schlechter geworden"?

b. Sind Sie der Meinung, dass man als Chef aus seinen Mitarbeitern das Beste
   rausholen kann oder soll?
c. Glauben Sie, die Stärken und Schwächen Ihrer Mitarbeiter gut zu kennen und
   sie daher gut bei ihrer Weiterentwicklung unterstützen zu können?

Ich gehe davon aus, dass Sie auf allen Fragen eine Antwort haben, die auf Ihren
Erfahrungen oder Überzeugungen basiert? Eben diese Antworten sagen einiges
über Ihr Denkmuster aus.

Es wird (zumindest in diesem Buch) nicht darum gehen, Ihre Antworten als
„richtig" oder „falsch" zu klassifizieren. Es geht vielmehr um Ihre Erkenntnis, den
eigenen (oftmals schnellen) Antworten gegenüber skeptisch zu bleiben, während
Sie – und das ist der anstrengende Teil der Übung –, die davon abweichenden Ur-
teile anderer anerkennen und schätzen lernen.

Bleiben wir hierfür zunächst bei Ihrem Denkmuster. Denn fairerweise bleibt
festzuhalten, dass es weitaus leichter ist, in einem Dialog die eigenen Überzeugungen zu erkennen und zu artikulieren als in einem Monolog. Den persönlichen
Denkstil mit eigenen Worten zu umschreiben, ist schlichtweg eine große Herausforderung: Welchem Muster, welchen Überzeugungen folge ich, wenn ich über
etwas nachdenke?

„Ist es nicht vielmehr so, dass ich – abhängig der Situation – denke und han-
dele? Ich bin im Denken sehr flexibel! Ein Denkmuster scheint mir eher eine stati-
sche Idee, die ich mir weniger zuschreiben würde."

So oder so ähnlich formulieren es einige meiner Klienten, wenn ich mit ihnen
das erste Mal über ihre Denkmuster spreche. In dem Wort „Muster" steckt scheinbar viel Unflexibles oder Starres und das ist das Letzte, was man sich als Führungskraft zuschreiben möchte.

Kaum Zeit zum Nachdenken
Diese Überlegungen sind für mich sehr gut nachvollziehbar. Ich denke an meine
Zeit als Führungskraft zurück und gebe zu: Als Ursache für viele meiner berufli-
chen Probleme hätte ich meine Art zu denken sicher als Letztes aufgeführt.

Selbstverständlich hatte ich schon davon gehört, wie wichtig es ist, Dinge auch
mal anders zu sehen und zu bewerten. Aber ich bitte Sie! Woher sollte ich die Zeit
nehmen, meinen Blickwinkel zu verändern, wenn ich meinen Job, mein Team,
meine Chefs und Kollegen nicht aus den Augen verlieren durfte?

Für mich waren das die typischen Weichspül-Empfehlungen, die mir sogenannte Trainer und Coaches nahelegten, Menschen also, die sich niemals selbst in
dem Überlebenskampf befunden hatten oder je befinden würden, in dem sich

Chefs nun mal tagtäglich befinden. Welchen Wert es haben sollte, mein eigenes Denken zu hinterfragen, war für mich nicht zu erkennen und somit vergeudete Zeit.

Wem solle es nutzen, dass ich mir Zeit nehme, über mein Denken nachzudenken, während schlechte Prozesse, unfaire Entscheidungen, miese Führung und unmögliche Ziele mir das Arbeiten unmöglich machten?

Wenn das alles, so meine damalige Überzeugung, endlich mal ordentlich und „richtig" in Angriff genommen würde, könnte ich mir auch die Zeit nehmen, über meine Denkweise nachzudenken. Aber sich bei diesem Stress auch noch hinsetzen und mich fragen, inwiefern ich mich von meinen Vorurteilen leiten lasse? Beim besten Willen nicht!

Diese Haltung des Aufbegehrens begegnet mir auch heute in den Gesprächen mit meinen Klienten, wenn ich sie auffordere, über ihre Denkmuster nachzudenken.

Selbstverständlich ist ihnen allen klar, das Coaching Selbstreflexion bedeutet. Jedoch bitte nicht vorgeordnet. Vielmehr, so die Annahme meiner Kunden, sollte doch der akute „Schmerz" im Vordergrund stehen und dieser wird gerne personifiziert.

Will heißen: Das Problem heißt „Müller, Meier, Schulze" – eben so, wie der Kollege oder die Kollegin, die einem das Leben schwermacht. Aber ganz sicher heißt das primäre Problem nicht „mein eigenes Denken".

Diese Annahme ist ein Denkfehler.

Alles, was Sie als Problem bezeichnen, hat Ihr Denken zur Grundlage und es ist entscheidend, dass Sie sich dies immer wieder bewusst machen.

▶ **Denkmuster vs. Glaubenssatz?** Ab und an fragen mich meine Klienten, ob ein Denkmuster mit einem Glaubenssatz verglichen werden kann. Hierzu gibt es keine richtige oder falsche Antwort, da es zunächst darauf ankommt, welche Begrifflichkeiten aus dem eigenen Denkmuster konstruiert werden. Meine Antwort lautet also immer: „Was meinen Sie?"

Ich kann sagen, dass ich die Begriffe Denkmuster oder Glaubenssatz *für mich* so erkläre: Dem Glaubenssatz folgt meines Erachtens eher eine Aufforderung in Form eines subjektiven „du sollst" oder „du musst". (M)ein Denkmuster formuliert eher allgemeingültige Sätze mit einem „man sollte" oder „man müsste" Ansatz.

Selbstverständlich gibt es Menschen, für die hier überhaupt kein Unterschied besteht, und wieder andere lassen keine Gemeinsamkeit zu. Sie haben die Freiheit, zu entscheiden: Wählen Sie den Begriff, mit dem Sie am besten arbeiten können und der Ihnen verstehen hilft.

1.3   Den eigenen Denkfehler zum Fehler der anderen machen: „Der andere sollte, könnte, müsste doch nur …"

Vielleicht ist Ihnen auch schon aufgefallen, dass selbst „eindeutige" Organisationsprobleme, wie schlechte Prozesse oder fehlende Strukturen nicht lange ohne eine Personifizierung auskommen.

Die Aussage „der Onboarding Prozess ist ineffizient" ist sehr abstrakt, aber bei einer Aussage wie „Die Meier in der Zentrale bekommt den Onboarding Prozess immer noch nicht richtig auf die Reihe" kann sich jeder was vorstellen, richtig?

Ein Problem zu personifizieren scheint der einfachste und schnellste Weg der Ursachenforschungen: Denn dann hat das Problem im wahrsten Sinne des Wortes „einen Namen". Offensichtlich braucht es kein „Was", kein „Wann", kein „Wo" und kein „Warum", wenn es ein „Wer" gibt.

Dieses „Wer" ist für einige Führungskräfte zudem eine wunderbare Unterstützung, um sich von der eigenen Führungsverantwortung frei zu sprechen: „Ja klar, wir haben zu viel Arbeit und zu wenig Ressourcen. Aber alle anderen kommen doch auch damit klar, warum dann der Müller nicht? Der muss halt lernen, sich die Arbeit richtig einzuteilen!" Der „Schuldige" scheint gefunden, Problem gelöst!

Dass damit jedoch rein gar nichts gelöst ist, weiß jeder, der schon einmal als Führungskraft mit Personalverantwortung gearbeitet hat. Den schuldigen, also ein „Wer", ausgemacht zu haben, reicht leider nicht aus. Das ist zu kurz gedacht.

Denn Sie sind nun mal der Chef. Das Unternehmen hat Sie damit beauftragt, Ihr Team so zu führen, dass die Unternehmensziele erreicht werden. Und schnell wird Ihnen bewusst, dass Müllers vermeintliche Unfähigkeit, sich seine Arbeit nach den richtigen Prioritäten einzuteilen, mehr mit Ihnen zu tun hat, als Ihnen lieb ist. Spätestens dann, wenn Ihr Chef Sie dafür verantwortlich macht, dass „der Müller wieder in die Spur kommt", realisieren Sie, dass Personifizieren nichts bringt.

Oft sind das dann die Momente, in denen Sie als Führungskraft spüren, dass tatsächlich alle in einem Boot sitzen – auch Sie, der sogenannte „Steuermann des Teams".

Problembewältigung? An gut gemeinten Ratschlägen scheint es nicht zu mangeln
Bevor meine Klienten zu mir kommen, haben sie ihre beruflichen Probleme oft bereits mit gleichgestellten Kollegen oder auch der Familie besprochen. Die Bandbreite der Ratschläge hieraus ist groß und reicht von „Das würde ich mir von meinem

Mitarbeiter nicht gefallen lassen" über „Reg dich doch nicht so darüber auf, die musst du einfach links liegen lassen" bis hin zu „Also dem würde ich einfach kündigen".

Über etliche Ratschläge haben meine Klienten nachgedacht, das Für und Wider abgewogen. Doch aus den unterschiedlichsten Gründen haben sie sie nicht weiterverfolgt oder das Vorgehen blieb erfolglos. Meine Kunden betrachten diese Ratschläge aus ihrem Umfeld oftmals bereits im Vorfeld als aussichtslos oder sie empfinden sie als moralisch „nicht richtig". Und die Ratschläge sind tatsächlich nicht so einfach umzusetzen, wie der Kollege oder Partner denkt.

Denn mal ehrlich: Wie soll das gehen? Sich „nicht so aufregen, einfach links liegen lassen" oder „einfach kündigen"? Mal ganz abgesehen davon, dass eine Kündigung für viele Führungskräfte gemessen am „Problem" ein zu drastischer Schritt ist. Kündigen, weil ein Mitarbeiter nicht das tut, was man als Chef will?

Einige sagen: „Aber natürlich! Genau deswegen". andere finden, „dass man es sich so einfach nicht machen darf!" Und wieder andere ziehen die aktuelle Arbeitsmarktlage in Betracht und meinen, man solle sich „glücklich schätzen, überhaupt Mitarbeiter zu haben."

Apropos: Die Angst davor, keine guten Mitarbeiter (mehr) zu bekommen oder sechs Monate und länger danach suchen zu müssen, lässt viele Führungskräfte nahezu handlungsunfähig werden, so meine Beobachtung. Auch wenn dies kein ausschlaggebender Grund dafür ist, an einem womöglich untragbaren Mitarbeiter festzuhalten, so ist es doch einer, der für immer mehr Führungskräfte eine wichtige Rolle spielt.

Die Arbeit am anderen?
Häufig möchten meine Klienten daher durch das Coaching lernen, wie mit einem schwierigen Mitarbeiter umzugehen ist, damit sich etwas zum Besseren ändert.

Will heißen, sie möchten an einer zwischenmenschlichen Beziehung arbeiten, die sich im Rahmen des Coachings jedoch leider nicht bearbeiten lässt. Zumindest nicht zwischen den Menschen, um die es geht. Denn einer der Beteiligten fehlt – mal ganz abgesehen davon, dass sich der besagte Mitarbeiter womöglich gar nicht darüber im Klaren ist, ein Teil des Problems zu sein.

„Da ihr Mitarbeiter nicht hier ist, sondern nur Sie, kann ich auch nur mit Ihnen und an Ihrer Veränderung arbeiten", argumentiere ich dann, was nicht unbedingt das ist, was mein Klient hören möchte.

„Ich kann Ihnen also anbieten, mit Ihnen an Ihrem Denkmuster zu arbeiten, damit Sie mit Ihrem Mitarbeiter danach besser zurechtkommen. Sie haben das Problem [mit dem Mitarbeiter], also müssen Sie es lösen."

▶ Denn der Problembesitzer ist folgerichtig derjenige, der das Problem bewältigen muss. Alles andere ist ein fauler Kompromiss, um der Eigenverantwortung aus dem Weg zu gehen.

Wenn meine Klienten dann noch nicht wie vor den Kopf gestoßen den Raum verlassen haben (was bisher glücklicherweise nicht passiert ist) geben sie zu, dass sie eine ähnliche Reaktion schon vorausgeahnt haben. Und obwohl mir meine Kunden an dieser Stelle immer versichern, dass ihnen „ja klar ist, dass man den anderen nicht ändern kann", sprechen ihre bisherigen Lösungsversuche eine andere Sprache.

Gerade in sehr stressigen Situationen sind es wiederholt Ansätze der direktiven Art, im Sinne von „Du musst doch nur dieses oder jenes tun, um … „, mit welchen Führungskräfte versuchen, beim Gegenüber ein Verständnis für die (eigene!) Überzeugung zu erreichen.

Der Wunsch der Chefs, dass der andere „doch einfach nur dies oder jenes tun müsste", damit sich eine Situation verbessert, ist zwar leicht nachvollziehbar. Er beinhaltet aus meiner Sicht aber einen kapitalen Denkfehler, was den erfolgreichen Umgang mit dem Gegenüber und damit schlussendlich auch den erfolgreichen Umgang mit der eigenen Gelassenheit anbelangt.

Bereits zu Anfang des 19. Jahrhunderts betonte die Schriftstellerin Marie Freifrau Ebener von Eschenbach: „Die größte Nachsicht mit einem Menschen entspringt aus der Verzweiflung an ihm." Und doch scheint es auch heute noch so zu sein, dass viele Vorgesetzte das „Verweilen in der Verzweiflung" einer „Entscheidung zur Nachsicht" vorziehen.

Dies mag der (augenscheinlich) einfachere Weg sein. Der gelassenere ist es mit Sicherheit nicht.

Dazu kommt, dass „Nachsicht" sicher kein im Business gebräuchlicher Begriff ist. Nachsicht hat ein „Geschmäckle", der Begriff hat eine negative Konnotation, denn in „Nachsicht" schwingt ein Hauch mit von „dem anderen etwas durchgehen lassen" oder „den anderen seine Schwächen ausleben lassen".

Und gerade ein solches Verhalten wurde den Führungskräften in den letzten Jahren in dem einen oder anderen „Kamikaze-Führungstraining" abtrainiert. Es macht mir auch heute immer noch den Anschein, dass Nachsicht lange Zeit nicht in das Vokabular einiger Führungskräfte passte.

Führungsallmacht?
Die Schwächen der Mitarbeiter sind auszusprechen und anzupacken! Im besten Fall, so die landläufige, sehr naive Vorstellung, soll die Führungskraft sogar dafür sorgen, dass der Mitarbeiter seine Schwäche los wird. Der Irrglaube, dazu in der Lage zu

sein, hat bei dem einen oder anderen Leader ein Gefühl der Allmacht ausgelöst, was für dessen Mitarbeiter wiederum sehr anstrengend zu ertragen ist.

Ich gebe zu, dass ich immer etwas schmunzeln muss, wenn Führungskräfte behaupten, aufgrund ihrer Führungskompetenz erreicht zu haben, dass sich einer ihrer Mitarbeiter „ganz passabel entwickelt hat".

Verstehen Sie mich bitte nicht falsch: Es kann durchaus vorkommen, dass Menschen sich weiterentwickeln, weil ihr Chef sie dank seiner charismatischen Persönlichkeit dazu motivieren konnte, an sich zu arbeiten. Aber dies klappt auch nur dann, wenn die Veränderung dem Mitarbeiter nutzt, ihm persönliche Vorteile bringt und er erkennt, dass sie (s)einen Zweck erfüllt.

Ansonsten sollten Führungskräfte sich stets vor Augen führen, dass der Mitarbeiter in einem Abhängigkeitsverhältnis zu ihnen steht. Schlussendlich hat der Vorgesetzte immer die Möglichkeit, disziplinarische Maßnahmen anzudrohen (und sie gegebenenfalls konsequent zu ergreifen), wenn der Mitarbeiter die Anforderungen nicht erfüllt.

Es kann dem Mitarbeiter daher sehr helfen, einfach „so zu tun als ob" – als befolge er die Wünsche seines Chefs. Das aber hat rein gar nichts mit Mitarbeiterentwicklung zu tun.

Zudem ist es beachtlich, wie lange dieses „So-tun-als-ob" von Mitarbeitern durchgehalten werden kann. Es gibt Mitarbeiter, die ihre Führungskraft über Jahre hinweg in dem Glauben lassen, sie seien ihnen loyal ergeben, eben weil ihnen das Vorteile bringt.

Daran ist überhaupt nichts Verwerfliches. Warum auch? Was spricht dagegen, sich in einer Abhängigkeit so zu verhalten, wie es für einen selbst am besten ist. Tut das die Führungskraft nicht auch genauso?

Meiner Beobachtung nach, sind es oft genau die Führungskräfte, die sich selbst der Asymmetrie in der Beziehung zum Mitarbeiter nicht bewusst waren oder sich diese nicht eingestehen wollten, die von diesem „So-tun-als-ob" dann besonders überrascht werden. Sie erzählen mir während des Coachings geschockt, dass gerade der Mitarbeiter, von dem sie es nie erwartet hätten, am folgenschweren Tag X auf einmal sein „wahres Gesicht gezeigt hat". Interessanterweise möchte offensichtlich also keine Führungskraft das „wahre Gesicht" eines Mitarbeiters sehen, doch gegen 100% Authentizität hat niemand was.

Um ehrlich zu sein: Wer es „voll authentisch" haben möchte, dem rate ich, in einer Kindertagesstätte zu arbeiten. Wer dies im Arbeitsleben erwartet den halte ich für blauäugig.

Mir zumindest fällt keine Position in einem Unternehmen ein, in der volle Authentizität zu empfehlen oder gar zu billigen wäre.

Wenn Sie dies nur schwer glauben können, dann versuchen Sie kurz, Ihr Verhalten zu Ihrer Führungskraft in den letzten Jahren zu reflektieren.

Erinnern Sie sich noch an die vielen Meetings, in denen Sie es vorgezogen haben, im Sinne der eigenen Karriere jetzt einmal den Mund zu halten, statt dem Chef zu signalisieren, dass seine Idee kompletter Schwachsinn ist? Über die Jahre haben Sie diese Spielregeln verinnerlicht und verhalten sich – klugerweise – so, wie es die jeweiligen Umstände von Ihnen verlangen.

Womöglich sind Sie deswegen ein bisschen weniger authentisch und Ihr Chef ein bisschen mehr von seiner Führungskompetenz überzeugt. Wie gesagt, beides ist prinzipiell überhaupt nicht problematisch. Das wird es nur dann, wenn man diesen Umstand ignoriert oder negiert.

Bitte machen Sie sich bewusst: Die Arbeit *am* anderen ist schlichtweg nicht möglich, denn Sie kommen nicht dahin, wo Sie hinkommen müssten, um es erfolgreich zu tun: an des anderen Denkmuster. Die Überzeugung, dass der andere doch nur könnte, sollte oder müsste, dann wäre alles besser, ist zudem hochgradig kräfteraubend.

Lassen Sie es daher gut sein und fangen Sie an, *mit* dem anderen zu arbeiten. Denn dafür haben Sie alles, was Sie brauchen: Ihr Denken!

Wenn Weisung keine Option ist: der Umgang mit dem eigenen Chef oder den Kollegen
Wenn ich Sie fragen würde: „Wer im Unternehmen regt Sie am meisten auf? Bei wem bekommen Sie so richtig Schnappatmung?" Gehe ich dann recht in der Annahme, dass Sie mir ad hoc wahrscheinlich keinen aus Ihrem Team nennen würden, es sei denn, Sie hätten dort gerade richtig schwerwiegende Themen zu bearbeiten?

Ansonsten – so meine Vermutung – lautet Ihre Antwort: „Mein Chef", denn so ist es bei den meisten meiner Klienten. Übrigens dicht gefolgt von „mein Kollege oder meine Kollegin XY". Hierbei handelt es sich oft um einen Peer – also um einen Kollegen auf gleicher Ebene – der vielleicht sogar einen (oh Schreck!) größeren Bereich leitet oder einen anderen „machtvolleren Hut" in den Ring werfen kann, als man selbst.

▶   Welch ein starker Hebel die Möglichkeit der Weisungsbefugnis für Führungskräfte ist, zeigt sich immer dann, wenn sie eben diesen Hebel nicht einsetzen können.

▶   Denn wenn es darum geht, das Gegenüber zur Kooperation aufzufordern, und zwar ausschließlich durch Argumente und nicht durch Anweisungen , dann kann es dem einen oder anderen passieren, dass er schnell an seine Gelassenheitsgrenze kommt.

Wenn Sie also nicht gerade CEO eines Unternehmens sind, dann haben Sie im Arbeitsleben mit viel mehr Menschen zu tun, denen sie – laut Organigramm – nichts „zu sagen haben", als mit solchen Menschen, denen Sie qua Rollenzuschreibung eigentlich zeigen dürften, wo es langgeht.

Sichtbarkeit

Den Wunsch oder besser noch die Erwartung, von gleichgestellten Kollegen oder solchen höherer Ebene „ernst genommen" oder „gesehen zu werden", äußern viele meiner Klienten während der Coachings. Wenn die Anerkennung nicht aufgrund organisatorischer Zuschreibung erfolgt, scheint es besonders wichtig, „visibel" – also „sichtbar" – zu sein und gehört zu werden.

Aus eigener Erfahrung kenne ich diese Anstrengungen nur zu gut. Sie fanden immer dann ihren Höhepunkt, wenn eben nicht nur gleichgestellte Führungskräfte in einem Raum saßen, sondern auch noch der gemeinsame Chef zugegen war.

Wie oft in der Woche gab es Konferenzen, bei denen meine Kollegen, mein Chef, Chefs anderer Abteilungen oder sogar der Chef meines Chefs persönlich anwesend waren.

Besonders anstrengend empfand ich es, zwischen zwei unvereinbaren Wünschen hin- und hergerissen zu sein: Eigentlich wollte ich mich an dem Kampf um die Gesprächsführung nicht beteiligen, da er für mich keine Rolle spielen sollte; auf der anderen Seite war ich nichtsdestotrotz sehr daran interessiert, in diesen Momenten bei meinen Chefs visibel zu sein und von ihnen anerkannt zu werden.

Diesem Dilemma konnte ich anscheinend nur mit einer Bewältigungsstrategie begegnen: Indem ich mich verbal auf Inkonsistenzen fokussierte (ich bin kompetent – du nicht), und mich zu Sätzen hinreißen ließ wie „Ich denke, jeder im Raum hier weiß …" oder „… sicherlich haben Sie auch schon bemerkt …".

Für mich artete es in Stress aus, mich in solchen Momenten von meinen gleichgestellten Kollegen „abzuheben", gewissermaßen herauszustechen. Mein Wunsch, gesehen und in all meiner Kompetenz wahrgenommen zu werden, war sehr stark. Selbstverständlich ging es nicht nur mir so. Nahezu alle Kollegen im Raum wussten, dass dies die Meetings waren, bei denen „es" zählte. Und jeder legte sich ins Zeug:

„Wenn der Müller sich in solchen Terminen nicht immer so aufspielen würde, müsste ich es auch nicht tun …" dachte ich dann oft. Oder: „Wie kann der es wagen, seine Ideen in jedem Meeting ständig zu wiederholen, um dann auch noch so zu tun, als wären sie brandneu? Und warum unterbricht den eigentlich keiner? Der bekommt immer eine Sprechzeit, das ist unglaublich …"

Natürlich merkte ich damals nicht, dass weder Müllers Sprechanteil noch seine redundanten Äußerungen meinen Stress verursachten. Ausschließlich mein Wunsch, „sichtbar" zu sein und meine Gedanken, die um dieses Thema kreisten, stressten mich. Ich selbst war das Problem. Doch statt in Ruhe darüber nachzudenken, wie ich mein Problem angehen könnte, nannte ich es lieber „Müller".

Mein Chef? Der spinnt doch!

Wie bereits erwähnt, ist in den Coachings ein weiteres sehr bedeutungsvolles Thema die Frustration über die Unfähigkeit des eigenen Vorgesetzten. „Mir will einfach nicht in den Kopf gehen, wie ein Mensch so sein kann", formulierte es jüngst ein Kunde. Ich finde, treffender kann man die Ursache für diese Verzweiflung am Gegenüber nicht beschreiben.

▶   Ob in der Interaktion mit dem eigenen Team, mit den Kollegen oder mit dem Chef – für das Funktionieren all diese Begegnungen spielt das, was bei Ihnen „da oben" abgeht, was Sie denken, eine elementare Rolle.

▶   Und während mir fast noch kein Klient begegnet ist, dem das vom Verstand her nicht klar war, habe ich eben auch noch so gut wie niemanden getroffen, der nicht trotzdem erwartete, dass sich erst mal der andere ändern müsse.

Sehr oft sitzen mir Führungspersönlichkeiten gegenüber, die in ihrer Verzweiflung über den eigenen Chef so gefangen sind, dass die erste Coachingstunde zur ausführlichen Beschwerde genutzt wird: „Stellen Sie sich das mal vor … der spinnt, doch!" oder „… und dann hat er auch noch …".

Salven von Negativbeispielen, die sich anhand einer nicht enden wollenden Empörung in die Festplatte des Klientengehirns gebrannt haben.

Je mehr Beispiele der Klient anführt, umso hilfloser fühlt er sich in der Regel. Das Gefühl des „Angewiesenseins" in der Beziehung zum eigenen Chef entwickelt die Dynamik eines Teufelskreises, denn …

… es fühlt sich einfach nicht gut an, auf jemanden angewiesen zu sein, den man selbst als"unfähig" oder „Spinner" bezeichnet;

… es fühlt sich nicht richtig an, jemandem untergeordnet zu sein, den man selbst nicht für überlegen, übergeordnet, überzeugend etc. hält (viele andere Adjektive mit „über" im Wortstamm könnten noch aufgeführt werden).

Und es fühlt sich falsch an, wenn die eigene Karriere von der scheinbaren Willkür eines anderen abhängig ist;

Ich frage meine Kunden dann:

„Sagen, Sie, was macht Sie so sicher, dass Ihr Chef unfähig ist und willkürlich handelt?" Gibt es dafür vielleicht eine gesicherte Information in Form eines offiziellen, psychologischen Schreibens, in dem steht: „XY ist ein unfähiger Chef, der willkürlich Karrieren versaut?"

Darauf antworten sie mir in der Regel empört:

„Glauben Sie ernsthaft, dass ich es mir nur *einbilde*, einen unfähigen Chef zu haben?"

Mit meiner Gegenfrage

„… und was wäre, wenn es so wäre?"

starten wir einen Coachingprozess, der – und daran gibt es wenig zu beschönigen – meinen Klienten einiges an Umdenken abverlangt.

1.4   Aus der Theorie: Welche Erklärmodelle zum Thema „Denkmuster" gibt es?

In der Arbeit mit meinen Kunden beginne ich das Coaching mit ein oder zwei Stunden „Theoriearbeit".

Die Theorien, die wir dabei unter die Lupe nehmen, bilden im besten Fall – ich hab es im Vorwort bereits angesprochen – Ideen für ein subjektives „Weil!" auf die Frage des Klienten „Warum sollte ich mein Denken eigentlich verändern?" und helfen diesem zu definieren, warum es für ihn persönlich sinnvoll ist, das eigene Denken zu hinterfragen oder zu verändern.

▶ **Probleme des Filterns** Das, was Sie nachfolgend lesen, ist durch meine Denkmuster „geflossen". Dabei mag ich sehr viel Wichtiges und Wertvolles unbewusst und unbeabsichtigt „ausgesiebt" haben. Das liegt in der Natur der Sache und ist leider nicht zu vermeiden.

Die Inhalte, Ideen und Denkansätze, die ich Ihnen hier schildere, sind Ansätze von Menschen, die sich mit der Frage beschäftigt haben, welche Relevanz unser Denkmodell für unser menschliches Tun und Handeln hat. Es sind Überlegungen von Wissenschaftlern, die aufgrund ihres Expertenstatus, den sie zweifelsohne haben, mit Fug und Recht zitiert werden dürfen.

Trotzdem – und diesen Umstand möchte ich hervorheben – sollte Ihnen bewusst sein, dass selbst die Ideen und Ansätze von Experten auch nur wieder deren Denkmodellen entspringen.

Ich habe versucht, die Thesen der zitierten Vordenker anhand von Beispielen anschaulicher und verständlicher zu machen. Beispiele – ich erwähnte es bereits im Vorwort des Buches – von welchen mir meine Klienten zurückmelden, dass diese für sie sehr gut funktionieren, wenn es darum geht, die eigenen Denkfehler zu korrigieren.

Ich werde jedoch auch nicht müde zu erklären, dass dies schlussendlich auch nur *meine* Beispiele zu den Thesen sind. Mit meinem Denkmodell kann ich nun mal nur das weitergeben, was ich glaube, von anderen Denkmodellen gelernt zu haben. Und dieser andere wiederum hat seine Schilderungen auch „nur" mithilfe seines eigenen Denkmodells entwickelt.

▶   Und so filtern und filtern und filtern wir Inhalt um Inhalt. Im Unterschied zu chemischen Filterprozessen jedoch kommt bei diesem Denkfiltern eben nicht unweigerlich die Essenz und somit das Wesentliche des Inhalts heraus.

Hervor kommt vielmehr ein sprachliches Gemenge an Konjunktivkonstruktionen, das Überzeugungen, Vorstellungen und Wünsche beinhaltet, aber faktisch nichts mehr mit dem Ursprungsideen der Verfasser zu tun haben muss beziehungsweise kann.

Es gibt für dieses Dilemma keine Lösung. Meines Erachtens hilft es jedoch schon, wenn Sie sich beim Lesen dieses „Gemenges" bewusst machen und akzeptieren, dass es keinen Anspruch auf die *eine* Wahrheit, die *eine* Ansicht oder Idee gibt. Es gibt ihn nicht, den *einen* Weg, der gegangen werden muss, damit die Dinge funktionieren und deswegen sind die nachfolgenden Beispiele auch nicht die einzige Erklärung für unsere Denkfehler.

Als Leser dieses Buches fungieren Sie heute als ein weiterer „Filter". Sie werden daher für sich herausfinden müssen, welche Erklärung sich Ihnen am besten erschließt. Und Sie werden ausprobieren müssen, welche These für Sie in der Praxis am besten funktioniert – denn nur darauf kommt es an!

Übrigens: Immer dann, wenn Sie ein Thema so verstehen möchten, wie es der Autor oder „Erfinder" der Idee ursprünglich beschreibt , kommen Sie nicht umhin, die Originalliteratur zu studieren. Im Literaturverzeichnis finden Sie daher alle Werke, auf die sich dieses Buch bezieht.

1.4.1 „Du siehst Dinge nicht als das, was sie sind. Du siehst sie als das, was du bist!"

Mit dem Versuch, das eigene Denken zu verstehen, ist es hilfreich, sich die „Maschine" näher anzuschauen, welche diese Funktion erst ermöglicht: Ihr Gehirn.

Die Erforschung der Funktionsweise des menschlichen Gehirns ist vor allem in den Neurowissenschaften ein immer wichtiger werdender Bereich.

Die Neurowissenschaften vereinen die unterschiedlichsten Disziplinen in sich: Medizin, Mathematik, Biologie, Informatik, Psychologie sowie Ingenieur- und Sprachwissenschaften. Hier findet eine fruchtbare interdisziplinäre Zusammenarbeit statt, über deren bahnbrechende Erkenntnisse in der Hirnforschung die Medien zunehmend – auch außerhalb der Fachpresse – berichten.

Der „Rockstar unter den Neurowissenschaftlern" ist nach Aussage der britischen Tageszeitung „The Telegraph" kein anderer als David Eagleman, dessen Zitat auch dieses Kapitel einleitet (2017, S. 38).

Eagleman ist es gelungen, das hochkomplexe Thema der Funktionalität des Gehirns so zu vermitteln, dass der Leser die „Brücke zwischen der Hirnforschung und den Besitzern des Gehirns" bauen kann (2017, S. 1). Eine Brücke, die ungemein hilfreich ist, um sich selbst besser zu verstehen und die gewünschten Ansichts- oder Verhaltensveränderungen in Angriff zu nehmen.

▶   Gleich zu Beginn seines Buches schafft der Autor daher das hartnä-
       ckige Gerücht aus der Welt, dass es für einen erwachsenen Men-
       schen mit einer gewissen Lebenserfahrung nahezu unmöglich sei,
       das eigene Denken und Verhalten zu verändern.

Eagleman macht uns klar, dass sich das Gehirn – und das damit verwobene Denkmuster – jederzeit verändert: Das Hirn eines Erwachsenen mag zwar keine drastischen Veränderungs- oder Umbauphasen mehr vornehmen, so wie es noch in der Pubertät der Fall ist. Es bleibt jedoch auch nicht starr, sondern modifiziert sich mit jeder Erfahrung, die wir machen: „Von den Filmen, die wir sehen, bis zu unserer Arbeit trägt alles zu einem ständigen Umbau der Schaltkreise bei, die uns ausmachen." (2017, S. 28).

Diese in der Fachsprache als „neuronale Plastizität" benannte Fähigkeit ermöglicht es unserem Gehirn, durch prägende Erfahrungen ständig neue Verknüpfungen zu schaffen und fortwährend zu lernen.

Das bedeutet: Unser Gehirn kann sich sehr wohl verändern – und wir uns mit ihm. Das hilflose „So bin ich nun mal" muss einem selbstverantwortlichen „So will ich nun mal sein" weichen, denn so wird das Potenzial zur Veränderung hinreichend sichtbar.

Für die Arbeit an der Veränderung eines dysfunktionalen Denkmusters ist die Erkenntnis der neuronalen Plastizität essenziell, denn sie macht klar, dass die eigene Art zu Denken weder „in Stein gemeißelt" noch unantastbar ist.

▶ Es wird klar, dass Ihr Denkmuster, Ihr *derzeitiges* Produkt Ihrer menschlichen Erfahrungen ist.

Ihre Produktion
Ihr Denkmuster ist also Ihr höchst individuelles Erzeugnis.

Ihr Denkmuster ist ein fiktives Produkt, konstruiert, um für die Zukunft tauglich zu sein, und gerechtfertigt aus den funktionierenden Erfahrungen der Vergangenheit.

Hinzu kommt: Dieses (immaterielle) Produkt dient, wie die vielen anderen Güter unserer freien Marktwirtschaft, der Bedürfnisbefriedigung. Jedoch handelt es sich dabei in erster Linie nicht um die Bedürfnisbefriedigung eines externen Kunden – auch wenn dieser noch eine sehr wichtige Rolle spielen wird, wie wir später sehen werden.

Sie produzieren Ihr Denkmuster aus Ihrem zutiefst menschlichen Bedürfnis heraus, sich in der Welt zurechtzufinden und trotz aller Unsicherheiten in der Lage zu sein, Entscheidungen zu treffen.

Da Ihr Denkmuster also das Produkt Ihrer Erfahrungen ist, haben folgerichtig auch ausschließlich Sie die Verantwortung für den Produktionsprozess.

▶ Sie entscheiden, welche Ihrer Erfahrungen Sie als „Rohstoff" für die Produktion Ihres Denkmusters verwenden. Denn nur Sie schreiben Ihren Erfahrungen eine Bedeutung zu und daher ist es Ihr Entschluss, welche Ihrer Erfahrungen Sie ungenutzt „aussortieren" und welche Sie in Ihrem Denkmuster bewahren und nutzen.

Doch ganz so leicht, wie es vielleicht scheinen mag, ist das mit der Produktion Ihres Denkmusters nicht.

Denn obwohl nur Sie alleine verantwortlich dafür sind, welche Rohstoffe (= Erfahrungen) Sie für den Produktionsprozess Ihres Denkmusters zulassen – zu erkennen, von wem Sie diese Rohstoffe beziehen und welche Qualität diese haben, ist für Sie kaum zu leisten.

Sie beziehen Ihre Rohstoffe von diesen Lieferanten, man könnte sie auch Geschäftspartner nennen:

a. „Kultur"
b. „Land"

c. „Volk"
d. „Eltern"
e. „Geschwister"
f. „Partner"
g. „Schule"
h. „Lehrer"
i. „Freunde"
j. „Beruf"
k. „Chef"

Eine schier unüberschaubare Zahl von Geschäftspartnern, mit welchen Sie über Jahrzehnte hinweg zusammenarbeiten und die es Ihnen hier und da sehr schwermachen, deren Erzeugnisse qualitativ beurteilen zu können.

Doch genau diese Beurteilung braucht es – gerade für die langjährigen Geschäftsbeziehungen. Denn um in der Lage zu sein, Ihr Denkmuster zu verändern, werden Sie entscheiden müssen, welcher „Rohstoff" Ihnen tatsächlich nutzt.

▶   Mit anderen Worten: Am eigenen Denkmuster zu arbeiten und dies
       zu verändern, bedeutet auch immer, Erkenntnisse aus Erfahrungen,
       die man vor vielen Jahren gemacht hat, erneut kritisch zu hinter-
       fragen. Macht es für mich heute noch Sinn, dieser Überzeugung zu
       folgen? Nutzt sie mir heute noch? Das sind die Fragen, die Sie sich
       stellen müssen.

Hierzu nochmals Eagleman:

> „Stell dir vor, ich nehme ein Stück Stoff, versehe es mit ein paar Farbpigmenten und zeige es deinem Sehzentrum. Würde das deine Erinnerung anstoßen und deine Fantasie beflügeln? Vermutlich nicht, denn es handelt sich doch nur um ein Stück Stoff, oder?
>
> Aber stell dir nun vor, diese Pigmente sind in Form einer Nationalflagge angeordnet. In diesem Fall löst der Anblick tatsächlich etwas aus – doch welche Bedeutung du dieser Flagge gibst, hängt von deinen Erfahrungen ab. Du siehst Dinge nicht als das, was sie sind. Du siehst sie als das, was du bist." (2017, S. 38)

Demzufolge verwundert es nicht, dass Menschen sich schwertun, das eigene Denkmuster zu verändern. Die (unvollständige) Liste der genannten Geschäftspartner ist die Liste der intimsten persönlichen Faktoren, die ein Menschenleben prägen, und ist damit etwas, das es zu beschützen gilt.

Ganz abgesehen davon, dass ein kritisches Hinterfragen der bisher gemachten Erfahrungen nun wirklich nicht das ist, was Menschen besondere Freude bereitet. Im Gegenteil!

Aber wie Eagleman schon schreibt: Das eine ist die Erfahrung – das andere die Bedeutung, die man dieser Erfahrung zuschreibt. Wie unterschiedlich die Bedeutungen sein können, versteht man etwas besser, wenn man sich den „tatsächlichen Produktionsprozess" des Denkmusters anschaut:

Wann immer Sie sich also fragen, wie Sie sich Ihr Denkmuster vorzustellen haben, erinnern Sie sich an Folgendes

Ihr Denkmuster …

a. … ist das Produkt Ihrer Erfahrungen.
b. … konstruiert sich aus Ihrer Vergangenheit für Ihre Zukunft.
c. … befriedigt Ihr Bedürfnis, bei Unklarheiten (funktionale) Entscheidungen treffen zu können.
d. … verändert sich mit jeder Erfahrung, die Sie machen.
e. … unterliegt Ihrer Verantwortung, was die Produktion und die Qualitätssicherung anbelangt (und zwar aufgrund der teilweise jahrzehntelangen „geschäftlichen Beziehung" mit den Rohstofflieferanten).

1.4.2 Input

Wollte man einen klassischen Produktionsprozess auf die elementarsten Teilschritte herunterbrechen, würde man wahrscheinlich bei den Begriffen Input, Produktion, Output landen. Ich finde diese Begriffe für die Arbeit am Verständnis für das eigene Denkmuster auch sehr passend.

Wie wir schon gelernt haben, ist der Input für die Produktion Ihres Denkmusters Ihre Erfahrung.

Doch in welcher Form gelangen diese Erfahrungen in unser Gehirn? In welcher „Verpackungseinheit" werden diese Erfahrungen geliefert? Ich denke, dass der Begriff „Information" hierfür (obwohl in Abschn. 2.5.1 noch mal ganz neu definiert) sehr gut passt.

Sagen wir also: Unsere Erfahrungen gelangen als „Informationen" in unser Hirn. Aber wie ?

Die Antwort finden wir in unseren Sinnesorganen.

Als „Warenprüfer" unseres Produktionsprozesses fungieren sie als eine Art Filter und kontrollieren für uns die Informationen, die uns aus der Außenwelt angeliefert werden.

▶ Mund, Haut, Ohren und Augen sorgen dafür, dass das Gehirn einen
   Zugang zur Außenwelt bekommt, den es sonst nicht hätte, denn:
   „[das Gehirn] … sitzt in der dunklen, abgeschlossenen Kammer des
   Schädels und hat niemals eigene Erfahrungen gemacht" (Eagleman
   2017, S. 47).

Aufgrund der schieren Masse an auf das Gehirn einströmenden Informationen aus der Außenwelt haben unsere Sinnesorgane jedoch ein Kapazitätsproblem und können daher nur eine stichprobenartige Kontrolle durchführen.

Die Folge: Diese für uns extrem wichtigen Warenprüfer können sich durchaus schon mal täuschen und Informationen in unser Gehirn lassen, die schlussendlich falsch sind. Und das wiederum bedeutet zweifelsohne, dass unser Denkmuster mit sehr großer Wahrscheinlichkeit Fehler aufweist.

Es sind die – nicht zu unterschätzenden – Sinnestäuschungen etwa optischer, akustischer oder auch haptischer Art, die unser Denkmodell aufs Glatteis führen und somit die Qualität unserer Erfahrungen massiv beeinträchtigen.

Wenn ich mit meinen Klienten über Sinnestäuschungen und hier in erster Linie über die häufig auftretenden optischen Täuschungen spreche, bemerke ich eine nicht unerhebliche Skepsis, was deren Relevanz für das eigene Denkmodell anbelangt.

Meine Klienten bewerten diese optischen Täuschungen eher nach dem Motto „Ist ja ein Ding", nicht aber als ein Phänomen, von dem eine „echte Gefahr" ausgeht. Daher schauen wir genauer hin:

Optische Täuschung: „Wie blöd kann man sein?"

Um ehrlich zu sein, kann ich kaum mehr sagen, wie viele Führungskräftetrainings zum Thema „Konfliktmanagement" ich belegt habe. Es waren einige. An was ich mich dafür sehr gut erinnere, ist dieses *eine* Beispiel, das vom Trainer stets angeführt wurde, um das Konfliktpotenzial aufzuzeigen, das in unterschiedlichen Sichtweisen enthalten ist: Es war ein Schwarz-Weiß-Bild mit dem Aufdruck einer Frau, das mal mehr, mal weniger für Diskussionen sorgte.

Die Zeichnung, die den Namen „Meine Frau und meine Schwiegermutter" trägt, ist eine sogenannte „Kippfigur" und stammt von dem Engländer William Ely Hill.

Sie zeigt – je nachdem, welches Bild uns unser Wahrnehmungssystem zuerst anbietet – eine alte Frau mit Hakennase oder eine junge Frau mit Häubchen auf dem Kopf. Ich gehe fest davon aus, dass Sie dieses Bild schon etliche Male gesehen haben. Falls nicht, werden Sie es im Netz ganz sicher finden.

Als ich das Bild zum ersten Mal sah, war ich zwar überrascht im Sinne von „Das gibt's ja nicht" – aber es blieb eben auch nur bei dieser Erkenntnis und nicht mehr. Ich hatte die Information zwar in mein Gehirn aufgenommen. Aber irgendwie hat sie nichts „bewirkt", keinen Unterschied zu dem gemacht, was ich vorher doch auch schon wusste: dass es optische Täuschungen gibt.

Einen Transfer von dem Bild zu mir und zu meinem Denkmuster konnte ich nicht leisten. „Was hat dieses Kippbild mit mir zu tun?", fragte ich mich.

Die bloße Erkenntnis, die ich aus diesem Phänomen ableitete, nämlich dass mein Auge etwas anderes sehen kann, als das Auge meines Kollegen und dass das wiederum zu Missverständnissen führen kann, reichte nicht aus, um mein Denken und damit mein Verhalten zu beeinflussen und in eine andere Richtung zu lenken.

Erst viel später habe ich erkannt, dass eine Einsicht erst durch eine Erfahrung bestätigt werden muss, um als Rohstoff für die Produktion eines Denkmusters dienen zu können.

Einige Jahre später sollte ich dann tatsächlich meine eigene Erfahrung mit einer optischen Täuschung machen:

Kleiderfrage

Es war im Februar 2015 als der Begriff #dressgate, das World Wide Web in Atem hielt und allein auf Twitter über 10 Millionen Tweets hervorrief.

Bestimmt erinnern auch Sie sich noch daran: Es ging um die Frage, ob das Partykleid, welches besagtes Bild zeigte, die Farben Weiß/Gold oder Blau/Schwarz trug. Die Antwort darauf konnte nicht eindeutig ausfallen: Aufgrund der optischen Täuschung, die durch die Art der Fotografie hervorgerufen hatte, sah jeder Betrachter zunächst das, was ihm sein Wahrnehmungssystem anbot.

Einer der Unterschiede zwischen Hills Kippfigur und dem #dressgate Bild war für mich folgender:

Als ich die Kippfigur betrachtete, saß ich selbst ja in einem Führungskräftetraining zum Thema Konfliktmanagement. Mein Bewusstsein war also auf „Trainingsumgebung" eingestellt.

Von daher *erwartete* ich gewissermaßen schon, dass mit diesem Bild irgendetwas „nicht stimme", dies womöglich etwas mit dem Thema „Konflikt" zu tun haben könne und ich dazu etwas lernen soll.

Das #dressgate Bild wiederum wurde mir während des normalen Arbeitsalltags in meinem Newsfeed angeboten und war mit einer (scheinbar) sehr einfach zu beantwortenden Frage verbunden: Hat das Kleid die Farben Weiß-Gold oder Blau-Schwarz? Eine einfache Frage, mehr nicht. Nirgendwo war zu lesen: „Achtung! Optische Täuschung!"

Als Vertreter der Weiß-Gold-Fraktion erinnere ich mich sehr gut daran, wie ich die ersten Blau-Schwarz-Rückmeldungen noch amüsant fand und als Ulkerei abtat.

Ein paar Stunden später jedoch, als die Vehemenz der unterschiedlichen Farbüberzeugten in den Kommentaren immer schroffer wurde, fing auch ich an, mich mächtig darüber aufzuregen, wie man denn „so blöd sein kann", an diesem Kleid blau-schwarze Streifen wahrzunehmen!

Wer bis dato geglaubt hat, dass optische Täuschungen eine zu vernachlässigende Relevanz für das eigene Denkmuster haben, dem sei geraten, sich die Onlinekommentare der Menschen anzuschauen, die jeweils eine unterschiedliche Farbkombination wahrgenommen haben.

Das Ausmaß des Konflikts war gewaltig, eben auch, weil man den Konflikt nicht hatte erwarten können.

▶   #dressgate hat mich daran erinnert, dass es in der Natur der Täuschung liegt, dass ich sie weder erwarte noch registriere, dass sie passiert.

  Meine Wut und mein Unverständnis über „die anderen" Farbkombinierer war echt, obwohl das, worüber ich mich aufregte, eine Täuschung war.

Ich frage mich, ob auch dann 10 Millionen Menschen über dieses Bild gesprochen beziehungsweise gestritten hätten, wenn es bereits vorher als optische Täuschung angekündigt worden wäre?

Ich glaube, es hätte auch Diskussionen gegeben, aber sie hätten sich womöglich in der Art und Weise unterschieden, wie diese geführt worden wären. Hätten die Betrachter gewusst, dass das Bild eine optische Täuschung ist, hätten sie wahrscheinlich amüsiert darüber diskutiert, wie skurril es doch ist, dass jemand „Gold-Weiß" statt „Blau-Schwarz" sieht und umgekehrt.

Aufgrund der Unkenntnis, dass es sich um eine optische Täuschung handelte, waren die Diskussionen anderer Natur: Die Menschen wurden sauer, intolerant und unverschämt. Diese Wut und Intoleranz artete für manche in echten Stress aus, was wiederum in einem handfesten Streit endete.

Diese Erfahrung hat mich gelehrt, dass es im Leben Situationen und Phänomene gibt, bei denen ich mich selbst massiv auf dem Holzweg befinde, auch dann, wenn ich felsenfest davon überzeugt bin, dass mein Weg der einzig richtige ist.

Und dass zudem noch passieren kann, dass ich auf diejenigen, deren Weg ein anderer ist, deswegen missbilligend herunterschaue, obwohl deren Ansicht oder Weg eventuell sogar der Richtige ist (was ich „Verblendete" in dieser betreffenden Situation natürlich nicht für möglich halte).

Übrigens war das Kleid vom Hersteller tatsächlich nur in blau-schwarz hergestellt worden.

▶   Eine optische Täuschung zeigt also: Das, was Sie sehen, ist das, was Ihr Hirn Ihnen anbietet und nicht das, was tatsächlich „ist".

Wenn Sie also bisher angenommen haben, dass das, was Sie sehen die Wirklichkeit ist, wäre es jetzt an der Zeit, Ihnen mitzuteilen, dass es „die Wirklichkeit" gar nicht gibt.

Es gibt ausschließlich „Ihre Wirklichkeit", die Sie selbst aus Ihrem Denkmuster erschaffen, angelehnt an die Erwartungen, die Ihr Gehirn produziert. Schauen wir uns das mal genauer an:

1.4.3   Produktion

Wie lange produzieren Sie Ihr Denkmuster schon? In meinen Fall sind es 47 Jahre. Das heißt, meine Produktionsstätte läuft seit fast 411.720 Stunden. In dieser Zeit wurden so viele Rohstoffe, so viele Information in meinem Hirn angeliefert, dass ich mich frage, warum ich eigentlich immer noch mehr brauche? Wie wäre es, wenn ich nur noch mit dem arbeite, was ich bereits im Hirn habe, und gar nichts Neues mehr hineinlasse?

Natürlich wissen Sie, dass diese Möglichkeit nicht besteht. Es sei denn, Sie wären tot – und ob dies ein guter „Deal" ist, wage ich zu bezweifeln. Trotzdem lohnt sich ein Blick darauf, was eigentlich mit Ihrem Denkmuster passieren würde, wenn Sie keine Informationen mehr über Ihre Sinnesorgane erhielten, keine Erfahrungen mehr machten.

David Eagleman erzählt in seinem Buch dazu die Geschichte des Häftlings „Cold Blue Luke", der sich 29 Tage in Einzelhaft befand: In einer 9 qm großen Zelle, ohne Licht und in absoluter Geräuschlosigkeit hatten weder Lukes Augen noch Ohren etwas zu tun:

> „Vollständig von der Außenwelt abgeschnitten [...] [gab AG] sein Gehirn [...] die Vorstellung einer Außenwelt nicht auf. Es erfand sich einfach eine [...].Luke erinnert sich: „Es war ein echter Trip. Ich habe mir oft vorgestellt, wie ich Drachen steigen lasse. Es war ziemlich echt. Aber es war alles in meinem Kopf."
> Wie sollen wir Lukes Erfahrung verstehen? Nach dem herkömmlichen Verständnis des Sehens ist die Wahrnehmung das Produkt einer Datenverarbeitung, die im

Auge beginnt und irgendwo im Gehirn endet. Aber so überzeugnd dieses Fließband-Modell scheint, so falsch ist es auch.Tatsächlich erzeugt das Gehirn seine eigene Wirklichkeit, noch bevor es Informationen von den Augen und anderen Sinnesorganen erhält. Das ist das sogenannte interne Modell." (2017, S. 57, 58)

▶ **Fachbegriffe der Wissenschaft** Als Wissenschaftler beschreibt Eagleman die Vorgänge des Gehirns selbstverständlich als „elektrochemische Signale" und spricht von „Schaltkreisen im Gehirn". (Eagleman 2017, S. 73). Es muss daher betont werden, dass der Begriff des Denkmodells, derer sich dieses Buch bedient, alle physikalischen Merkmale zur Funktionalität des Gehirns außer Acht lässt.

Das Gehirn ist die Maschine, der Apparat, der die Funktion des Denkens ausübt. Wie dieser Apparat aufgebaut ist, welche Verschaltungen zwischen den einzelnen Bauelementen bestehen und welche Signale wann, wie und wohin fließen, kann ich hier nicht beschreiben, dazu fehlen mir die notwendigen Fachkenntnisse.

Trotzdem halte ich es für wichtig, Grundkenntnisse über die Begrifflichkeit eines „internen Modells" zu besitzen, wenn es darum geht, das eigene Denkmodell zu ergründen. Das interne Modell würde ich als Betriebssystem bezeichnen, das für die Steuerung und Überwachung des Produktionsprozesses unseres Denkmusters zuständig ist.

Das interne Modell ist also eine „interne Ressource", derer sich unser Denkmodell jederzeit bedient.

Doch zurück zu „Cold Blue Lukes" Erfahrungen.

▶   Machen Sie sich das einmal klar: Selbst wenn Sie weder sehen noch hören können, wird Ihnen Ihr internes Modell trotzdem Ressourcen zur Verfügung stellen, von denen Sie glauben, sie wären die „Wirklichkeit".

Dabei erhebt Ihr internes Modell weder den Anspruch auf Vollständigkeit noch auf Aktualität.

Über die letzten Jahrzehnte hat es sich so ausgebildet, dass es Ihnen schnellstmöglich dabei helfen kann, Ungereimtheiten, Unklarheiten und Unsicherheiten im Denkmuster in den Griff zu bekommen.

Da reicht es unter Umständen hier und da aus, einfach mit einem groben Schema zu arbeiten, lediglich einer Idee davon, wie die „Wirklichkeit" aussehen *könnte*.

Die Aufgabe Ihres internen Modells ist es, Ihr Denkmuster mit der notwendigen Stabilität und Zuverlässigkeit auszustatten. Ihr internes Modell gibt Ihnen Sicherheit und stellt Ordnung her, weil es Ihnen – unabhängig davon, ob Information vorhanden oder nicht – einen Sollzustand der Außenwelt anbietet, in dem Sie sich wohlfühlen, zurechtfinden und Entscheidungen treffen können.

Supermarkt

Einen Sollzustand der Außenwelt bietet Ihnen Ihr internes Modell zum Beispiel jedes Mal an, wenn Sie im Supermarkt einkaufen.

Während der allererste Lebensmitteleinkauf Ihres Lebens noch mit einigen Unsicherheiten verbunden war

a.   „Wo steht was?"
b.   „Wo laufe ich los?"
c.   „Wie wiege ich ab?"
d.   „Wo bezahle ich?"
e.   „Wie bezahle ich?"
f.   …

fühlte sich der zweite Einkauf schon ganz anders an und heute spielt es nahezu keine Rolle mehr, in welchem Supermarkt auf welchem Teil dieser Erde Sie einkaufen.

Sie finden sich darin zurecht, auch wenn es ein völlig neuer Supermarkt ist. Ihr internes Modell stellt Ihnen eine grobe Skizze für die Handlung „Einkauf" zur Verfügung, die Ihnen völlig ausreicht, um sich fürs Erste zurechtzufinden.

Doch Ihr internes Modell gibt Ihnen nicht nur Sicherheit, es nimmt sich sogar noch viel mehr heraus: „Ausgehend von seinem internen Modell […] trifft unser Gehirn Annahmen über das, was wir sehen werden". (Eagleman 2017, S. 61)

▶   Unser internes Modell trifft Annahmen über das, was wir sehen werden!

Für jeden Ihrer Sehmomente spekuliert Ihr internes Modell also bereits darüber, was Sie sehen werden und bereitet Sie darauf vor! Wenn man das in letzter Konsequenz zu Ende denkt, bedeutet es Folgendes: Die Informationen, die Sie sehen werden, sind die Informationen, die Sie sehen wollen. Auch hierzu ein Beispiel:

Ein Eimer weiße Wandfarbe

Als wir in diesem Sommer unser Wohnzimmer mit frischer Wandfarbe streichen wollten, besorgte mein Mann an einem Samstagvormittag hierfür die wichtigsten Utensilien im Baumarkt: Klebeband, Malerteppich, Leiter, Pinsel, Mischbohrer und selbstverständlich Farbe.

Ich war beim Einkauf nicht dabei, bot jedoch selbstverständlich an, ihm beim Ausladen des Lieferwagens zu helfen.

Mein Mann schickte mich daraufhin mit der Information zum Auto, es fehle ihm „nur noch der Eimer weiße Wandfarbe" und ich solle ihm diesen doch noch aus dem Transporter holen.

Ein Eimer weiße Wandfarbe.

Ich weiß nicht, welches Bild Ihnen Ihr internes Modell bei diesen Begriffen jetzt gerade anbietet. Was mir angeboten wurde, war Folgendes: Ein weißer Eimer, mit ovaler Form, relativ hoch, aus Plastik und mit einem orangenen Deckel verschlossen und mit dem Schriftzug „Alpina" versehen.

Ich öffnete also die seitliche Schiebetür des Autos und suchte im Transporter nach dem Eimer.

Da das, was ich sehen wollte, nicht auf den ersten Blick zu sehen war, verschob ich Tapeziertische, Abdeckplanen und sonstige Werkzeuge von A nach B. Von „meinem" Eimer jedoch war nichts zu sehen.

Also das ganze Spiel noch einmal in die andere Richtung. Dann noch mal der Blick in die Regale und Schubfächer des Transporters. Ich sah immer noch nicht das Gesuchte.

Ich wurde immer ungeduldiger, meine Nerven zunehmend angespannter: „Bestimmt hat er den Eimer schon mit rausgenommen und schickt mich trotzdem los … das gibt es doch nicht!", dachte ich bei mir.

Ich wollte die Schiebetür des Wagens schon mit voller Wucht zuschmeißen, um mich dann schnurstracks bei meinem Göttergatten zu echauffieren, da fiel mein Blick auf eine eher kleine, runde, silberne Dose, verschlossen mit einem silbernen Druckdeckel mit dem Schriftzug „Wandfarbe Weiß".

Ich weiß noch sehr gut, dass ich damals die Arbeit des internen Modells das erste Mal wirklich bewusst wahrnahm.

Daher denken Sie stets daran: Sie produzieren Ihr Denkmuster stabil und verlässlich aufgrund Ihres internen Modells. Und das ist ein Betriebssystem, das Ihnen eine Wirklichkeit bastelt und Erwartungen konzipiert, ohne dass es irgendeinen Zugang zur Außenwelt braucht.

Ihr Denken braucht kein „Außen" und befindet sich daher in einer unendlichen internen Schleife, in einem rekursiven Prozess, und die Frage ist, wie Sie diesen unterbrechen können?

▶   Wie stellen Sie sicher, dass Sie wirklich etwas „Neues" in Ihr Hirn aufnehmen? Und wie stellen Sie sicher, dass Sie sich nicht ständig nur selbst bestätigen?

Die folgenden Tatsachen haben Sie bisher über Ihr Denkmuster erfahren

a. Ihr Denkmuster ist das Produkt Ihrer Erfahrungen.
b. Erfahrungen, primär aus der Außenwelt, gelangen als Rohstoff (= Informationen) in Ihr Gehirn.

c. Der Transport dieses Rohstoffs erfolgt über die Sinnesorgane.

d. Ihre Sinne können Sie täuschen, das System ist sehr fehleranfällig, Ihr Rohstoff „Information" kann Sie durchaus trügen, also eine falsche Information sein.

e. Daraus folgt, dass das, was Sie gesehen, gehört oder gefühlt haben, nicht der „Wirklichkeit" entspricht.

f. Das interne Modell bietet Ihnen – auch wenn Sie mal keine oder nur unzureichende Informationen von außen bekommen sollten – immer eine „Wirklichkeit" an, mit denen Sie Ihr Denkmuster abgleichen können.

g. Und auch die Wirklichkeit des internen Modells ist weder vollständig noch korrekt.

h. Ergo: Weder Ihr Denkmuster noch Ihr internes Modell sind eine verlässliche Grundlage für das, was Sie als „wirklich", „richtig" oder „sicher" bezeichnen.

1.4.4 Output und Vertrieb

Im Produktionsprozess Ihres Denkmusters sind wir schlussendlich beim Output angekommen. Nachdem Sie Ihr Produkt mithilfe Ihrer Erfahrungen und anhand Ihres Betriebssystems „internes Modell" nach bestem Wissen und Gewissen erzeugt haben, sind Sie nun bereit, den Markteintritt und somit auch den Vertrieb Ihres Denkmusters vorzubereiten.

Ein sehr emotionaler und aufwühlender Prozess, denn bisher konnten Sie sich bequem – und das ist ein „Luxus" – ausschließlich in den „sicheren vier Wänden" Ihres eigenen Denkens bewegen.

Doch nun kommen Sie nicht mehr umhin, Ihr Produkt dem Kunden zu präsentieren und sich fortan an dem zu orientieren, was für das Überleben Ihres Betriebs die größte Relevanz darstellt: Die Kaufentscheidung des Kunden!

Wer dieser Kunde sein soll? Dieser Kunde ist nahezu jeder Mensch, mit dem Sie sich auseinandersetzen (müssen!).

Abhängigkeiten
Wie ich Ihnen in Abschn. 1.3 bereits beschrieben habe, liegt einer der Gründe für den alltäglichen Stress des Menschen in der fehlenden Toleranz für die Meinung oder das Verhalten eines anderen:

• Dieser andere, der Sie mit jeder Interaktion in verbaler und nonverbaler (!) Form mit seinem eigenen Denkmodell konfrontiert und Sie gleichsam dazu auffordert, Ihr eigenes dagegenzuhalten.

- Dieser andere, mit dessen Denkmodell Sie Ihres vergleichen, in Konkurrenz setzen oder – im besten Fall – übereinstimmen.
- Dieser andere, *an* dem Sie nicht arbeiten können, *mit* dem Sie gleichwohl arbeiten müssen.
- Dieser andere, der nun mal auch kein geringerer ist, als Ihr Kunde, der „Abnehmer" Ihres Denkmodells und auf den Sie schlussendlich nahezu immer angewiesen sind, um ihre persönlichen Ziele und Zwecke zu erreichen.

Vielleicht haben Sie schon bemerkt, dass Sie die allerwenigsten Dinge in Ihrem Leben ohne die Unterstützung durch einen anderen erreichen.

Sie existieren nicht in einem luftleeren Raum – Ihre Umwelt und somit auch Ihr Umfeld, ist ein Teil von Ihnen. David Eagleman schreibt hierzu:

> „Was wir als „Ich" bezeichnen, ist lediglich ein Schaltkreis in einem viel größeren Netz". Wenn wir uns eine strahlende Zukunft für unsere Art wünschen, dann müssen wir noch besser verstehen, wie menschliche Gehirne miteinander in Austausch treten und welche Gefahren und Chancen dies birgt. Denn die Wahrheit, die in die Schaltkreise unseres Gehirns eingeschrieben ist, lautet: „Wir brauchen einander". (2017, S. 165)

Dieses „Einander-brauchen" bezieht sich natürlich auch auf das Erreichen Ihrer persönlichen und beruflichen Ziele. Auch dabei sind Sie auf die Mitwirkung von anderen angewiesen. Mir fällt kein berufliches Ziel (Karriere, Geld, Aufgabe, Ruhm, Aufträge, …) ein, das Sie ohne die Unterstützung eines anderen erreichen können.

▶   Mehr noch: Dieser andere muss in Ihrem Ziel einen Zweck erkennen, der seinen eigenen Zielen dient, um für Sie – in welcher Form auch immer – aktiv zu werden.

Die (oftmals nicht laut ausgesprochenen) Fragen: „Was habe ich davon?" oder „Was nutzt es mir?" sind daher nicht als egozentrische Treiber des Gegenübers zu werten, sondern völlig nachvollziehbare Triebkräfte im Umgang mit den gegebenen Abhängigkeiten in sozialen Beziehungen.

Im Austausch mit den anderen suchen wir Anerkennung, knüpfen „soziale Bande" und es fühlt sich gut an, einer Gruppe anzugehören (Eagleman 2017, S. 154).

Diese Abhängigkeit von den anderen und das menschliche Bedürfnis, sich mit den anderen zu identifizieren, zu ihnen zu gehören und nicht isoliert zu werden, ist ein ausschlaggebender Faktor in Bezug auf den „Vertriebsprozess" des eigenen Denkmusters.

Sie haben nur ein Produkt

Machen Sie sich bewusst, dass Sie für diesen Austausch ausschließlich ein Produkt im Portfolio haben: Ihr konstruiertes Denkmuster, das Ihr Verhalten bestimmt und das Sie dazu veranlasst, bestimmte Dinge zu tun oder nicht zu tun, zu sagen oder nicht zu sagen.

Und auch, wenn Sie nur ein Produkt im Portfolio haben, müssen Sie sich – wie jedes andere produzierende Gewerbe auch – fragen:

a. Wie wirkt mein Produkt auf den Kunden?
b. Wird mir der Kunde mein Produkt abkaufen?
c. Entspricht die Qualität meines Produktes den Erwartungen des Kunden?
d. Entspricht mein Produkt den (sozialen) Bedürfnissen des Kunden?

Diese Fragen – konkreter auf das Denkmuster angewendet – könnten so formuliert werden:

a. Wie wirke ich auf mein Gegenüber?
b. Wird mein Gegenüber aufgrund dieser Wirkung bereit sein, mich bei der Erreichung meines Ziels zu unterstützen?
c. Besteht an irgendeinem Punkt eine gemeinsame Basis zwischen meinem Denkmuster und dem Denkmuster des Gegenübers, an der ich zugunsten der Beziehungsgestaltung ansetzen könnte?
d. Falls wir keine Basis haben: Was muss ich für die gegenseitige Beziehungsgestaltung tun und wie kann es mir gelingen, das Denkmuster des anderen gelten zu lassen?

Sie merken: Beim „Vertrieb" Ihres Denkmusters, also immer dann, wenn Sie mit dem anderen kooperieren müssen, kommen Sie nicht umhin, sich in dessen Lage zu versetzen.

Die grundlegende Frage für die erfolgreiche Kooperation und Beziehungsgestaltung mit den anderen lautet:

▶   Was braucht der andere von mir, damit ich *meine* Ziele und Zwecke erreiche? Es geht darum, in Wirkungen und nicht in Erwartungen zu denken.

Für meine Klienten ein oftmals völlig neuer Denkansatz und sehr schnell stellt sich für den ein oder anderen die Frage, inwieweit es darum geht, das Gegenüber zu manipulieren.

Eine Frage, die durchaus von Relevanz ist, und anhand welcher ich meinen Klienten die gegenseitigen Abhängigkeiten noch etwas genauer vor Augen führe:

▶ **Manipulation** Wir alle haben unsere eigenen Interessen und Wünsche, die wir durchsetzen möchten.

Es wird immer jemanden geben, von dem wir etwas brauchen oder wollen, und unser Anliegen wird nicht immer auf die Zustimmung des anderen stoßen. Dies führt dazu, dass wir aufgefordert sind, den anderen unseren Wünschen entsprechend zu beeinflussen, ja zu manipulieren, wenn man es denn so nennen möchte.

Manipulieren an sich ist weder schlecht noch gut. Die relevante Frage lautet nicht, *ob* man manipuliert, sondern vielmehr, *mit welchen Mitteln man* dies tut!

Die eigenen Bedürfnisse so durchsetzen zu wollen, dass dabei die Wünsche und Bedürfnisse des anderen außer Acht gelassen werden, zeugt meines Erachtens nicht nur von einer fehlenden humanistischen Erziehung und Charakterbildung, es ist außerdem noch sehr dumm, weil es die bestehenden Wechselwirkungen missachtet.

Zirkuläre Kausalitäten
Wichtig für das Verständnis eines funktionalen zwischenschlichen Umgangs ist die Klarheit darüber, dass gegenseitige Interaktionen ein Kreislauf und kein linearer Prozess sind.

Weder in der Natur noch im Gehirn und auch nicht im Umgang miteinander haben lineare „wenn … dann" Definitionen Bestand. Die Verantwortung oder, negativ ausgedrückt, die Schuld für ein Ereignis ausschließlich einem Element oder einer Person zuzuschreiben, ist in solchen Wechselbeziehungen überflüssig, ja sogar falsch.

Alles unterliegt einer zirkulären Erklärung. Jede zwischenmenschliche Beziehung sollten Sie daher nicht als die Interaktion zweier (oder mehrerer) isolierter Objekte betrachten. Vielmehr sollte Ihnen bewusst sein, dass Sie und Ihr Gegenüber in Relation, in Wechselwirkung zueinander stehen.

▶   Das bedeutet, dass somit alles, was Sie sagen oder tun, auch immer wieder – in einer bestimmten Art und Weise, mal früher, mal später – zu Ihnen zurückkehren wird.

Genauer: „In einem System, dessen Teile oder Elemente miteinander vernetzt sind und in Wechselbeziehung stehen, ist die Frage, was Ursache und was Wirkung ist, nicht objektiv entscheidbar". (Simon 2015, S. 15)

▶   Dieser Wechselwirkung keine Bedeutung beizumessen, ist ein grober Denkfehler.

Ehrlicherweise bin ich immer wieder überrascht, wenn ich mit meinen Kunden die Zirkularität diskutiere und mein Gegenüber nicht mit einem „Um Himmels willen … das ändert ja alles!" reagiert.

Der Zirkularität in zwischenmenschlichen Beziehungen eine Bedeutung beizumessen, heißt eine Ganzheit zu betrachten „[…] deren Elemente in einem Netzwerk von Wechselbeziehungen miteinander verbunden sind, in dem jedes die Bedingungen aller anderen bestimmt." (Simon 2015, S. 16)

Was das für Sie und Ihren Job bedeutet? Alles!

Denn ab sofort müssen Sie Überzeugungen dieser Art aus Ihrem Kopf streichen: „Wenn ich ihm das sage oder schreibe … dann wird er dieses oder jenes tun". Denn dies ist ein naiver Ansatz, weil Sie davon ausgehen, dass Sie, sobald Sie „dieses oder jenes gesagt haben" quasi „aus dem Spiel" sind, nichts mehr damit zu tun haben. Das Gegenteil ist jedoch der Fall.

Sehr oft diskutiere ich mit Klienten über diese (gefährlichen) linearen Annahmen, die die Autonomie des Gegenübers ignorieren und dessen Denkmodell außer Acht lassen. Der Satz „Wenn ich ihm das sage oder schreibe … dann wird er dieses oder jenes tun" ist nur dann richtig, wenn er entsprechend weitergedacht wird und zwar so:

„Wenn ich ihm das sage oder schreibe, dann wird er dieses oder jenes tun und dann werde ich schauen müssen, ob es dem entspricht, was ich erreichen wollte. Falls dem nicht so ist, ist nicht der andere der Blöde, sondern dann bin ich aufgefordert, das, was ich sagen wollte, noch einmal anders auszudrücken, anders zu verpacken". (Im Kap. 2 zum Thema „Kommunikation" werden wir uns dieses Thema noch genauer anschauen)

Wie ich Ihnen vorab bereits geschildert habe, ist diese Konzentration auf die Bedürfnisse des anderen oft eine große Herausforderung für meine Klienten.

Natürlich sind sich alle sehr wohl im Klaren darüber, dass es im beruflichen Kontext wenig lobenswert ist, sich wie die „Axt im Walde" zu bewegen und selbstverständlich liegt meinen Klienten etwas an einem guten beruflichen Miteinander. Aber dieser Fokus auf die Bedürfnisse, die Annahmen und Grundsätze anderer ist nun einmal kein Verhalten, das sie beruflich bisher als karrierefördernd wahrgenommen hätten.

Ich kann diese Zweifel gut nachvollziehen, weil ich diese Gedanken zunächst auch in meinem Kopf hatte, als ich mir Folgendes bewusst machte:

▶ Wenn ich die durch mein Denkmuster konstruierten Wünsche und Ziele erreichen möchte, dann …

a. … brauche ich den anderen.

b. … muss ich die Wünsche und Ansprüche der anderen kennen und in mein Denken und Handeln mit einbeziehen.

c. … muss ich in Wirkungen denken und mir dessen bewusst werden, dass meine Worte und mein Handeln Wirkungen und Rückwirkungen erzeugen.

d. … muss ich diese Rückwirkungen beobachten und mir klarmachen, dass meine Wirkung korrigiert werden muss, falls die Rückwirkung des anderen nicht dem entspricht, was ich zu meiner Zielerreichung benötige.

Ich will ehrlich sein: Dieser Ansatz war sehr weit weg von dem, was auch ich im Berufsleben gelebt und erlebt habe! Lassen Sie mich hierzu eine Geschichte aus den Anfängen meiner beruflichen Laufbahn erzählen:

Den anderen im Blick?

Sehr früh in meinem Berufsleben habe ich gelernt, dass der (systemische) Blick auf und für den anderen zwar eine schöne Idee ist, die sich jedoch spätestens immer dann als Behinderung für meine Karriere herausstellte, wenn ich mir am Geschäftsjahresende das erste Mal mein „Performanceranking" von meinem Chef abholen durfte.

Plötzlich verlautete nichts mehr von der im Unternehmen oftmals proklamierten „wichtigen Teamarbeit" und dem ausdrücklichen Wunsch der Verantwortlichen, dass die Abteilungen doch mehr mit- und füreinander arbeiten sollten.

In diesem ersten Leitungsgespräch ging es plötzlich nur noch darum, was ich alleine das ganze Jahr über geleistet hatte und was andere im Vergleich zu mir besser gemacht hatten.

Da ich nicht erpicht darauf war, mir im nächsten Jahr noch einmal anzuhören, dass ich in meiner Peergruppe eher „untergehe", während einzelne Team- oder Abteilungskollegen durch die Übernahme von Zusatzaufgaben oder durch einen außergewöhnlichen Einsatz auffallen, legte ich in den nächsten Jahren meines Berufslebens Wert darauf, eher „abgekoppelt" von den anderen zu arbeiten und stellte meinen Arbeitszustand nach und nach auf den Modus „Wettkampf" ein.

Leider bemerkte ich erst sehr viele Jahre später, dass es eben genau diese (eingeredete) Notwendigkeit zur Eigenständigkeit und mein Dauerzustand im „Wettkampf" waren, die mich in meinem Arbeiten höchst unzufrieden machten.

Denn selbstredend war es nicht nur blauäugig, so zu tun, als ob ich den anderen nicht bräuchte oder sogar abgekoppelt arbeiten könnte. Es erschöpfte mich zudem über die Maßen, ständig dafür zu sorgen, bei allem, was ich tat, meine „Duftmarke" zu hinterlassen:

In wie viele Meetings habe ich mich „eingeladen", nur um ebenfalls zu zeigen, dass auch ich was zum Thema beigetragen kann. Und wie viele schlaue Fragen habe ich mir für die sogenannten „Town Hall Meetings" ausgedacht, um beim Fragestellen aufstehen und laut meinen Namen sagen zu können, in der Hoffnung, die Chefs auf dem Podium mögen doch bitte *mich* als motivierte Person wahrnehmen. Selbst beim Abspeichern einer Power-Point-Präsentation achtete ich darauf, dass im Speicherfenster „Autor" mein Namen zu sehen war.

Ich erkannte mich damals oft selbst nicht wieder; noch weniger gefiel ich mir in der Rolle des Einzelkämpfers. Aber es war nun mal viele Jahre meine Bewältigungsstrategie in einer leistungsorientierten Umgebung und ich hatte zu viel Sorge und Angst, diese zu verändern.

Denn trotz aller Anstrengungen, trotz allen Stresses und aller Erschöpfung, die ich spürte, funktionierte meine Strategie in den frühen Jahren ganz wunderbar: Meine Arbeit wurde wahrgenommen und ich stieg die Karriereleiter hinauf. Nach und nach bekam ich erste Führungsverantwortung und ebenso die Teilverantwortung für wichtige Projekte.

Doch je höher ich in den Folgejahren die Karriereleiter emporstieg, je verantwortungsvoller meine Aufgaben und je größer meine Führungsverantwortung wurde, desto mehr war ich auf andere Kollegen oder Abteilungen angewiesen, um die vom Unternehmen gesteckten Ziele zu erreichen. Dann wurde ich mit einem bereichsübergreifenden Projekt betraut, das die Aussicht hatte, nach der 6-monatigen Pilotphase weltweit im Unternehmen implementiert zu werden.

Das war für mich damals eine große Chance, meine Karriere voranzutreiben und damit noch „sichtbarer" zu werden. Die Projektstruktur bestand aus einem interdisziplinären Team mit acht Leuten, die einen bestimmten Teil ihrer Arbeitszeit eben auch „meinem" Projekt widmen sollten.

Dies bedeutete, dass jeder Mitarbeiter meines Projektteams zwei Chefs hatte: den aus der Linie und mich als Projektleiterin. Mal ganz abgesehen davon, dass diese Form von Organisation mich zu einem „zahnlosen Tiger" machte, da der Mitarbeiter im Zweifel den Anordnungen seines „echten" Chefs aus der Linie folgen wird, war mein Denkmuster mehr als schädlich und unzuträglich für die mir auferlegte Verantwortung.

Zunächst fühlte ich mich noch gut aufgehoben in meiner „linearen" Welt. Da es mir primär darum ging, meine Ziele des Projekts durchzusetzen, waren die Wünsche, Meinungen und Ansichten anderer für mich weniger relevant.

Natürlich hörte ich mir deren Vorschläge an – doch ich handelte aus der Überzeugung heraus, dass ja schließlich ich diejenige war, die das Thema des Projekts aus dem „Effeff" kannte und genau wusste, was zu tun ist. Selbstverständlich habe ich bemerkt, dass nicht jedes Teammitglied mein Verhalten billigte und guthieß, doch für mich galt der Grundsatz: Ich habe die Verantwortung, ich muss schlussendlich den Kopf hinhalten, wenn etwas schiefgeht … ergo folge ich meinen Überzeugungen.

Nachdem das Projekt im ersten Quartal einen ganz guten Start hingelegt hatte, häuften sich im zweiten Quartal die Teamabgänge. Innerhalb von zwei Monaten wurden mir vier Leute aus dem Projekt abgezogen mit der Begründung, dass sie in ihrem eigentlichen Job viel dringlicher gebraucht würden. Der Projekterfolg stand damit unweigerlich auf der Kippe, denn der Arbeitsaufwand war in dieser heißen Phase keinesfalls mit den verbleibenden Leuten zu bewältigen.

„Was kann an Aufgaben „in der Linie" wichtiger sein, als dieses Pilotprojekt?", dachte ich. Ich konnte die offensichtliche Borniertheit dieser Entscheidung nicht fassen und beschwerte mich hierüber vehement bei meiner Chefin.

Nach einigen fadenscheinigen Erklärungen, warum diese Leute von meinem Projekt abgezogen worden waren, rückte sie schlussendlich mit der Sprache heraus: „Es hat Beschwerden gegeben…" begann sie. „… die abberufenen Projektmitarbeiter sind nicht mehr bereit, für jemanden zu arbeiten, der stur seinen „Stiefel durchzieht". Sie haben ihre Chefs um den Abzug gebeten, da sie nicht mit jemandem arbeiten möchten, dem es so offensichtlich an Kooperationsfähigkeit fehlt."

Zuerst war ich baff.

Dann stinksauer.

Dann trotzig.

Schlussendlich dachte ich: „Dann macht Euren Scheiß doch alleine!"

Vielleicht kommt Ihnen das bekannt vor: Der Moment, in dem Sie erfahren, dass Ihr Verhalten beim Gegenüber nicht auf Zustimmung stößt und er Ihnen dies auch zu verstehen gibt – anhand welcher Rückwirkungen auch immer – ist mit Sicherheit kein schöner Moment.

In der Analogie Ihres Produktionsprozesses ist das der Moment, in dem Sie von Ihrem Kunden erfahren, dass er nicht mit Ihrem Produkt (Denkmuster) einverstanden ist und es anhand der aktuellen Gegebenheiten nicht „kaufen" wird. Selbstverständlich steht es Ihnen frei zu entscheiden, wie Sie mit dieser Situation umgehen.

Glaubt man jedoch den erfahrenen Vertrieblern, die diesen Job tagtäglich machen und mit Ihren Produkten von Unternehmen zu Unternehmen ziehen, dann ist es der bei Weitem schlechteste Weg, mit der Unzufriedenheit des Kunden umzugehen, diese zu ignorieren.

In Situationen, in denen der Kunde seine Unzufriedenheit äußert, gilt es, dem Kunden zuzuhören, sich in seine Situation hineinzuversetzen, das Gespräch mit ihm zu suchen, Lösungen zu diskutieren und diese in der weiteren Zusammenarbeit stetig zu reflektieren, zu steuern und zu regulieren.

Jeder Vertriebler weiß, dass sich diese „Investition" vor allem für das lohnt, was dem Kunden – der ein starkes Bedürfnis nach Sicherheit in Geschäftsbeziehungen hat – nahezu am Wichtigsten ist: das Vertrauen in den Verkäufer!

Nichts anderes gilt auch für Sie und den Vertrieb Ihres Denkmusters: Ihr Kunde möchte sich dazu entscheiden, Ihnen zu vertrauen. Und dafür hilft es, dass Sie die Wechselwirkung Ihrer Beziehung bedenken. Denn:

▸ Vertrauen ist eine der besten und effektivsten Verknüpfungen zwischen unterschiedlichen Denkmustern.

Nachdem ich den Klienten meine Geschichte erzählt habe, möchten sie in der Regel wissen, wie sie ausgegangen ist, was ich am Ende mit meinen „Dann-macht-euren-Scheiß-doch-alleine-Gedanken" gemacht habe.

Meine Antwort fällt etwas länger aus: „Ich habe das Gespräch mit den Teammitgliedern gesucht, um zu verstehen, wie ich mich verhalten muss, damit sie wieder ins Projektteam zurückkommen.

Diese Entscheidung hatte ich mir seinerzeit in keiner Weise leicht gemacht. Aber ich sah ein, dass es das „kleinere Übel" war und besser, als das ganze Projekt gegen die Wand fahren zu lassen.

Was ich daraufhin von den Kollegen über mein Verhalten gespiegelt bekam, hat mich erschüttert. So wollte ich doch nie sein: Eine Führungskraft mit fehlender Wertschätzung für die Wünsche und Ideen von Kollegen. Mit einem herrischen Ton und einem Hang zur Allmächtigkeit. Meine Kollegen nahmen kein Blatt vor den Mund.

Es hat eine Weile gedauert, bis ich all meine Wunden geleckt hatte, doch danach begann ich, die Rechnung nicht mehr ohne den Wirt zu machen."

„Will ich ‚so' sein?"
Dieses Kapitel hat Ihnen bisher viel abverlangt: Denkmusterproduktion, interne Modelle, in Wirkungen denken, Abhängigkeit von anderen und so weiter und so fort.

Die Rückmeldungen meiner „Testleser" zu diesem Kapitel sahen vielfach so aus: Das Thema Denkmuster sei „keine leichte Kost", der man sich mal eben „zwischen Tür und Angel" widmen könne. Manche sagten mir, dass sie den einen oder anderen Text zwei bis drei Mal lesen mussten, bis sie ihn „verdaut hatten".

Für mich klang und klingt das durchaus plausibel, vor allem, wenn ich bedenke, wie lange ich mich schon in Selbstreflexion übe und mich nahezu täglich darin erinnere, „systemisch" zu denken und zu handeln.

▶ Ich möchte Ihnen nichts vormachen: Selbstreflexion ist anstrengend und in Teilen sogar schmerzhaft. In Wirkungen denken ist ebenfalls anstrengend und zuweilen wirklich zeitaufwendig. Und ganz klar ist: Auch „der andere" kann sehr anstrengend sein und nichts garantiert Ihnen, dass dieser sich ebenso viel „Mühe" machen wird, seinerseits für Kooperation und gute Beziehungsgestaltung zu sorgen, wie Sie es tun.

Hinzu kommt, dass Ihnen ein Denken in Wirkungen, das Tolerieren anderer Denkmuster oder das Wissen von zirkulären Kausalitäten anfangs eventuell sogar wie eine Einschränkung des persönlichen Denkmusters erscheinen kann.

Es kann sein, dass Sie sich in Ihrem Handlungsfreiraum enorm eingeschränkt fühlen , angesichts all der Dinge, die Sie bei sich und anderen in Betracht ziehen sollen, bevor Sie in den zwischenmenschlichen Austausch gehen.

Die Reaktionen meiner Klienten fallen hierzu ganz unterschiedlich aus: von „Dann kann ich mich ja gleich tot stellen" über „Das mache ich nicht mit" ist alles dabei. Ein Großteil meiner Kunden hat jedoch eine ganz bestimmte „Sorge". Sie fragen sich: „Will ich so sein?"

Doch was heißt das, „so" sein? Wie ist „man" wenn man „so" ist?

Ich bitte meine Klienten dann stets um eine präzisere Definition: Was meinen Sie mit: „Ich weiß nicht, ob ich *so* sein will?" „So" im Sinne von: „blöd"? Oder „so" im Sinne von: „naiv?" Oder vielleicht „so" im Sinne von „freundlich oder aufmerksam"? Definieren Sie mir bitte den Begriff „so".

Die Antwort eines Klienten war sinngemäß die Folgende:

„Naja, eben „so" im Sinne von Gutmensch oder auch gutgläubig. Ich verstehe, was Sie mir sagen wollen, und mir will auch einleuchten, dass es helfen kann, den anderen nicht aus dem Blick zu verlieren, und dass es wichtig ist, sich seines eigenen Denkmusters nicht zu sicher zu sein … aber so funktioniert die Welt nicht. Zumindest nicht in meiner Firma.

Woher soll ich die Zeit nehmen, mich jetzt in jeden hineinzuversetzen und zu fragen, ob ich denn so wirke, wie ich wirken möchte und so, dass es dem anderen gefällt?

Mir bleiben oft nur ein paar Minuten, um zu entscheiden. Da kann ich nicht auch noch über mein Denken nachdenken. In meiner Position komme ich damit vollends unter die Räder.

> Verstehen Sie mich nicht falsch: Das Ganze ist sicher hilfreich für die Kooperation und so … nur habe ich auf der anderen Seite das Gefühl, ich würde mich mit solch einer Veränderung eher dazu entscheiden, in einer Horde von Wölfen das Lamm zu sein. Warum sollte ich mir das antun?"

Ich mochte diese Metapher sehr, weil sie wahrscheinlich treffend beschreibt, wie sich der ein oder andere in Bezug auf die Gruppenzugehörigkeit im Unternehmen fühlt.

Fragt man genauer nach, findet es zwar keiner so richtig dufte, Wolf zu sein. Aber Lamm zu sein, ist noch weniger eine Option in Systemen, in denen die Tugenden „Willensstärke", „Leistung" und „Wettbewerb" goutiert werden.

Ich hatte und habe für meine Klienten keine Antwort auf die Frage: „Warum sollte ich mir das antun?" Natürlich versuche ich, mit meinen Erklärmodellen ein wenig zur Begründung beizusteuern. Schlussendlich aber bleibt es jedem selbst überlassen, wie er den Sinn seiner Veränderung definiert.

Ich kann nur von meinen Beobachtungen aus den Gesprächen und von der Zusammenarbeit mit Führungskräften berichten. Ich erkenne Verhaltensmuster. Sie resultieren meines Erachtens aus dem Umstand, dass für viele meiner Klienten die Art und Weise ihres Denkens, die daraus folgenden Überzeugungen und ihr Handeln zu einem tiefgreifenden Problem werden.

Dies zu erkennen und gelten zu lassen, um dann für sich persönlich die Wahl zu treffen, wie und ob man an sich arbeiten will, kann ein Prozess über Wochen, Monate oder auch Jahre sein.

Die „Warum-sollte-ich …?" Fragen gehören daher in die Kategorie Fragen, die nur vom Fragensteller selbst beantwortet werden können. Es sind „unentscheidbare Fragen" für dessen Antwort ausschließlich der Fragensteller selbst verantwortlich ist. Für Außenstehende ist es schlichtweg unmöglich, das „Weil!" für den anderen zu bestimmen!

Unentscheidbare Fragen/Heinz von Foerster

Der Begriff der „unentscheidbaren Frage" ist geprägt von Heinz von Foerster (1911–2002). Der Österreicher war als Biophysiker und Philosoph langjähriger Direktor des Biological Computer Laboratory (BCL) an der Universität von Illinois. Das BCL war ein Forschungslabor, das seinen Arbeitsschwerpunkt in der Systemtheorie und hier primär im Bereich der selbstorganisierenden Systeme sah. Heinz von Foerster gilt zudem als Mitbegründer der kybernetischen Wissenschaft und kann philosophisch dem Konstruktivismus zugeordnet werden. Auf den Folgeseiten des Buches werde ich immer wieder auf Heinz von Foerster's Aussagen zurückgreifen, denn ich finde sie für die Arbeit am systemischen Denken sehr hilfreich.

Im Buch „Wahrheit ist die Erfindung eines Lügners" (Carl Auer Verlag, 2013) definiert Foerster im Dialog mit dem Medienwissenschaftler Bernhard Poerksen die „unentscheidbaren Fragen" folgendermaßen:

„Man ist selbst aufgerufen, die Wahl zu treffen. Entscheidbare Fragen sind durch den gesetzten Rahmen in einem gewissen Sinne bereits entschieden; man kann lediglich gemäß der vorgegebenen Spielregeln die Antwort finden. Aber nur die Fragen […], die im Prinzip unentscheidbar sind, können *wir* entscheiden." (2013, S. 160)

Systemisches Denken heißt eben auch, sich nicht in Denkschleifen und in der damit verbundenen Unentscheidbarkeit zu verlieren, sondern anzuerkennen, dass man Dinge ausprobieren muss, um herauszufinden, ob sie für einen selbst funktionieren.

An diesem Ausprobieren führt kein Weg vorbei. Das wiederum hat zur Folge, dass man erst dann merkt, ob etwas funktioniert, wenn man bereits damit angefangen hat. Das mag fürs Bungee-Jumping eine denkbar schlechte Option sein...

...wer sich jedoch ausführlich mit dem Produktionsprozess des eigenen Denkmusters auseinandersetzt – wie Sie es gerade tun – hat normalerweise verstanden, dass die Chance, etwas korrigieren zu können, jederzeit auch noch während des Ausprobierens besteht, weil letztlich Sie der Produzent Ihrer Wirklichkeit und Wahrheit sind. Sie haben die Wahl!

1.5   Aus der Praxis: Die tatsächliche Arbeit am eigenen Denkmodell

1.5.1   Störungen

In der Zusammenarbeit mit meinen Klienten versuche ich, deren Denkmuster zu thematisieren und „sichtbar" zu machen. Das Ziel: Der Klient soll erkennen, inwiefern sein (dysfunktionales) Denken ihn daran hindert, seine Ziele zu erreichen.

Dazu muss der Klient zunächst einsehen, dass die Arbeit am eigenen Denken vornehmlich ein „Kampf mit sich selbst" ist. Denn einmal etablierte Denkmuster möchten nicht verändert werden. Dem Klienten sollte einleuchten, dass das Denkmuster, welches verändert werden soll, die Veränderung selbst gedanklich hervorbringen muss.

Da die Produktion des eigenen Denkmusters seit Jahren ohne Unterbrechung läuft, braucht es, wie in herkömmlichen realen Produktionsstätten auch, eine Störung, um diesen Prozess vorübergehend zu unterbrechen.

Damit ein Produktionssystem, das seit Jahr und Tag hochgradig routiniert läuft, die Störung auch wirklich registriert und den alltäglichen Produktionsprozess unterbricht, muss die Störung signifikant und von einer gewissen Dauer sein. Wenn die Störung nicht gravierend genug ist, besteht die Gefahr, dass sie nur als kleine Unzulänglichkeit in den Fehlerkatalog aufgenommen wird und der Prozess wie eh und je weiterläuft.

Der Klient lernt zu verstehen: Das Denkmuster wird versuchen, jede Erfahrung, die als neuer Rohstoff für die Produktion des Denkmusters in Betracht kommt, „abzublocken" und zu verhindern versuchen, dass der neue Rohstoff verarbeitet wird, da er Ressourcen bindet.

Es nutzt deshalb nichts, wenn der Klient mit dem neuen Rohstoff nur einmal leise am Lieferanteneingang „klopft". Er muss diesen Rohstoff mit Beharrlichkeit und einer gewissen Penetranz wiederholt beim Lagerchef vorstellen. Will heißen, die Erfahrung muss wieder und wieder gemacht werden.

Stellen Sie sich das so vor: Sie möchten einem seit Langem etablierten Produktionsunternehmen einen neuen Rohstoff anbieten, der das produzierte Gut noch besser und noch kundenverträglicher macht. Doch jedes Mal, wenn Sie den neuen Rohstoff anbieten, hören Sie vom Vorarbeiter: „Den Rohstoff brauchen wir nicht, wir haben bereits einen, mit dem wir seit Jahren sehr gut produzieren. Vielen Dank und auf Wiedersehen!"

Sie müssen mit Beharrlichkeit dranbleiben! Es gilt, Ihr neues Verhalten immer und immer wieder auszuprobieren und so oft wie möglich neue Verhaltenserfahrungen zu machen! Wie das klappen kann, lesen Sie in einem der folgenden Kapitel. Zunächst machen Sie sich bewusst:

▶   Der ärgste Widersacher des Versuchs, Veränderungen im Denkmuster zuzulassen, ist das Denkmuster selbst!

Die Leistung, ein Thema neu zu denken, über das man seit etlichen Jahren gleich gedacht hat, wird also vom Gehirn weder gemocht noch goutiert.

Im Gegenteil, Ihr Gehirn wird sich vielmehr bemühen, Ihnen dieses „neue Denken" so schwer wie möglich zu machen, indem es Gefühle wie „Zweifel", „Unsicherheit" oder „Misstrauen" in den Ring wirft; sie werden bis zur erfolgreichen Neuproduktion des Denkmusters Ihre ständigen Begleiter bleiben.

1.5.2 Fallbeispiel: Gegenseitige Abhängigkeiten erkennen

▶ **Fallbeispiele** Ich habe mich dazu entschieden, Praxisfälle darzustellen, weil ich hoffe, dass diese Beispiele Ihnen dabei helfen, die praktische Verbindung zu den beschriebenen Theorien herzustellen

Es liegt jedoch auch hier in der Natur der Sache, dass ich Sie damit vielleicht auch verwirren könnte. Es bleibt (m)ein Dilemma, dass ich keinen direkten Zugang zu Ihrem Denkmuster habe. Sonst könnte ich Ihnen genau die Beispiele anbieten, die Ihr Denkmuster am besten „stören" und damit die gewünschte Aufmerksamkeit oder ein „Aha" Erlebnis generieren.

Für die Arbeit am eigenen Denkmuster hilft es dem Klienten erfahrungsgemäß am besten, wenn wir beim letzten Produktionsschritt der Denkmusterproduktion beginnen: dem Output und dem Vertrieb.

Eine Einsicht über die Abhängigkeiten, in denen sich mein Klient befindet – und zwar in alle Richtungen und auf allen Ebenen – erweist sich meist als sehr hilfreich. Das Erkennen der Gründe, warum die Arbeit am Selbst nicht ohne die Beobachtung des anderen vonstattengehen kann, wenn sie erfolgreich sein will, erachte ich für meine Kunden als grundlegend.

Diese Erkenntnis ist für meine Klienten zwar kein leichter Einstieg in ihre Arbeit am Denkmuster, doch sie ist genau die Art von „Störung", die ein Denkmuster braucht, um verändert zu werden.

In den ersten Gesprächen mit meinen Klienten besteht die Herausforderung dann zumeist darin, meinem Gesprächspartner klarzumachen, dass sein eigener Blick auf den anderen kontraproduktiv für das ist, was er erreichen will.

Dafür ist in der Tat eine ziemliche Denksportübung gefordert, bei der sich manch ein Klient eventuell fragen wird, ob es wirklich das ist, was er sich unter Coaching vorgestellt hat.

Ab und an erlebe ich in Führungskräftecoachings auch heute noch, dass Klienten mit der Hoffnung in die Sitzungen kommen, ich würde sie mit Kniffen und Tricks in Bezug auf Mitarbeiterführung versorgen.

Dies mag zwar kurzfristig helfen und zu einer schnellen Lösung führen. Jedoch betrachte ich solche Ratschläge nicht als „gravierende Störung des bestehenden Denkmusters" und daher als wenig nachhaltig, wenn nicht sogar völlig überflüssig.

In der Bearbeitung der Klienten-Themen fokussiere ich mich vielmehr auf die Frage, was der Klient braucht, um das zu tun, was für ihn im Umgang mit dem Gegenüber *langfristig* funktioniert und ihn gelassener werden lässt.

Meine Gesprächsführung ist daher darauf ausgerichtet, die dysfunktionalen (also die unzweckmäßigen, unpraktischen) Annahmen des Klienten herauszuarbeiten. Damit ist nicht gemeint, den Klienten auf die Dinge hinzuweisen, in welchen er sich widerspricht, wenngleich das auch eine Möglichkeit wäre, sein Denkmuster sichtbar zu machen.

Vielmehr konzentriere ich mich auf die linearen Annahmen des Klienten. Die, bei welchen er sich in „Wenn-dann-Erklärungen" verstrickt und bei denen das Verständnis für Wechselwirkungen und Abhängigkeiten fehlt.

Praxisbeispiel: „... wann kapiert die das endlich?"

Als Stefan Kaiser zum ersten Coaching in mein Büro kommt, kann er seine Wut nicht zurückhalten. Bereits bei unserem Erstgespräch hatte er mir klargemacht, warum er dringend einen Coach braucht: „Entweder, jemand zeigt mir jetzt, wie ich mit so einer Mitarbeiterin umgehen kann oder ich vergesse mich."

Dieses Gefühl hat sich seit unserem letzten Termin nicht wirklich geändert. Daher sitzt Herr Kaiser heute in einer Verfassung vor mir, die ich als „hochgradig unentspannt" beschreiben würde.

Herr Kaiser berichtet mir, dass er 48 Jahre alt ist und als Chief Marketing Officer den Bereich „Global Marketing & Communications" eines internationalen Industriedienstleisters leitet. Seit sechs Jahren verantwortet er diesen Bereich und seit fast fünf Monaten arbeitet in seinem Team eine neue Kollegin: Frau Schmidt, die Kaiser seinerzeit als neue Deutschlandleitung eingestellt hatte.

Mein Klient ist der festen Überzeugung, dass Frau Schmidt ausschließlich dazu angetreten ist, ihm „das Leben schwer zu machen" und er hat dafür Beispiele parat:

- „Die sollte mal mehr Eigeninitiative zeigen, mal mehr machen. Stattdessen fragt sie mich nach sechs Monaten immer noch Löcher in den Bauch und trifft keine Entscheidung selbst!"
- „Die muss endlich kapieren, wie es bei uns läuft! Die schreibt manchmal E-Mails, da läuft es mir kalt den Rücken runter, so geschwollen, wie die daher quatscht"
- „Kann die nicht einfach mal fünf gerade sein lassen? Ständig dieser Wunsch, alles 100 %ig zu machen. So wird die nie fertig, bei dem Arbeitspensum, das wir zu leisten haben."

Herr Kaiser betont wiederholt, wie wichtig es ist, dass Frau Schmidt, jetzt „endlich in die Spur kommt" und aufhört, so „herumzueiern". Er habe schließlich Besseres zu tun, als eine Mitarbeiterin auf „so einem Karrierelevel" noch „durchzucoachen".

Vielleicht kommt Ihnen die Schilderung bekannt vor und womöglich hatten Sie in Ihrer Karriere auch eine „Frau Schmidt" im Team, die Sie den letzten Nerv gekostet hat? So individuell und unterschiedlich der Coachinganlass des Klienten auch ist – der gemeinsame Nenner ist, wie bereits häufig betont, vielfach die Verzweiflung am anderen.

So auch in Herrn Kaisers Fall, der nicht verstehen kann, warum „Frau Schmidt nicht einfach nur …" Sie wissen schon: Der andere sollte, könnte, müsste doch nur.

So oder so ähnlich beginnen sehr viele meiner Coachingfälle. Und vielleicht können Sie sich nun vorstellen, welche Herausforderung es für meine Klienten bedeutet, wenn ich ihnen in dieser Situation sage, dass ich mit ihnen nicht an den „Frau Schmidts" dieser Welt, sondern nur am eigenen Denkmuster arbeiten werde. Begeisterung sieht anders aus.

Es kann daher hilfreich sein, den Klienten zunächst aufzuzeigen, dass die Situation „Die macht mir das Leben schwer" auch ganz anders bewertet werden könnte. Nämlich so, dass die gegenseitige Abhängigkeit in die Kommunikation kommt:

Praxisbeispiel: „… wann kapiert die das endlich?" – Fortsetzung

Coach: „Herr Kaiser, Sie sagten, Sie möchten, dass Frau Schmidt endlich in die Spur kommt, wie Sie es nennen?"

Klient: „Ja, genau! Sie soll endlich das machen, wofür ich sie eingestellt habe."

Coach: „Ich werde Sie später bitten, mir Ihre Vorstellung von „Spur" noch etwas genauer zu definieren, doch zuvor würde ich gerne eins verstehen: Warum betreiben Sie so einen Aufwand mit der Dame? Sie ist kurz vor Ende der Probezeit. Warum kündigen Sie ihr nicht einfach? Noch könnten Sie das Problem relativ einfach lösen."

Klient: „Nun ja, das wäre doch etwas drastisch, meinen Sie nicht? Frau Schmidt muss ja nur ein paar Dinge ändern, damit sie in den Tritt kommt und ich zufrieden bin. Und außerdem kann ich der unmöglich kündigen. Ich bin heil froh, die Stelle endlich besetzt zu haben. Es finden sich nicht so leicht gute Leute für so einen wichtigen Posten. Wissen Sie, wie lange ich gesucht habe, bis ich endlich jemand gefunden habe, dessen Profil ungefähr auf diese Stelle passt?"

Coach: „Das heißt, Sie sind froh, dass Frau Schmidt diesen Posten jetzt ausfüllt?"

Klient: „Naja, ich bin froh, dass diese Position besetzt ist. Wie die Position ausgefüllt wird, gefällt mir aber ganz und gar nicht."

Coach: „Dieses „ganz und gar nicht gefallen" ist jedoch nicht so gravierend, dass Sie wieder auf die Suche nach jemand anderem gehen würden, der den Posten übernehmen und die Arbeit womöglich sogar besser machen würde?"

Klient: „Nein, ich will nicht mehr auf die Suche gehen. Dafür habe ich überhaupt keine Zeit. Worauf wollen Sie eigentlich hinaus, empfehlen Sie mir, dass ich der Mitarbeiterin kündige?"

Coach: „Ich möchte zunächst verstehen, warum Sie sich als Führungskraft dazu entscheiden, eine Mitarbeiterin, die Sie stört und die Ihnen „das Leben schwer macht" in Ihrem Team zu behalten? Sie hätten die Möglichkeit und die Macht, sich gegen Frau Schmidt zu entscheiden, tun es aber nicht. Die Gründe dafür möchte ich genauer verstehen"

Klient: „Naja, die Gründe sind doch klar! Zunächst mal kann und will ich es mir in meiner Position nicht erlauben, Leute einfach zu feuern, weil sie nicht so arbeiten, wie ich es tue. Ich weiß ja, dass ich meinen Perfektionismus nicht von anderen verlangen darf. Mal ganz abgesehen davon macht Frau Schmidt ja nicht alles schlecht, sondern treibt mich nur bei manchen Dingen in den Wahnsinn. Und schlussendlich brauche ich, wie gesagt, dringend jemanden auf der Stelle. Sonst würde alles direkt auf meinem Tisch landen. Das ginge bei meinem Arbeitspensum auf keinen Fall, das wäre noch viel schlimmer und den Zustand hatte ich über gut sechs Monate. Dann lieber so, wie es jetzt ist."

Coach: „Okay, verstehe. Die Situation, die Sie jetzt haben, ist die, zu der Sie sich entscheiden, weil alle anderen Optionen noch schlimmer wären. Sie entscheiden sich auch deshalb dafür, Frau Schmidt zu behalten, weil Sie auf ihre Unterstützung angewiesen sind. Habe ich das so richtig wiedergegeben?"

Klient: „Mir gefällt der Ausdruck „angewiesen" zwar nicht besonders. Aber wenn Sie es so nennen wollen … ja, ich entscheide mich, Frau Schmidt zu behalten. Aber die muss sich ändern!"

[Klient beginnt erneut zu erzählen, warum es so mit Frau Schmidt nicht weitergehen kann …]

Für dieses Gespräch war es mir zunächst also wichtig, dass mein Klient ausspricht, zu was er sich entschieden hat. Ziel war es, Herrn Kaiser aufzuzeigen, dass er nicht nur in einer Abhängigkeit zu Frau Schmidt steht, sondern dass er – aufgrund der durch sein Denkmuster produzierten Werte und Normen – die Entscheidung getroffen hat, Frau Schmidt auf der Stelle zu belassen.

Natürlich bleibt es zwischen dem Klienten und mir nicht bei einem so kurzen Gespräch, wie im Beispiel angerissen.

Es ist vielmehr ein Ausschnitt aus dem Start mehrerer Dialoge, in welchen ich mit dem Klienten über die Theorien spreche, die ich Ihnen in Abschn. 1.4.4 vorgestellt habe: Nach der Feststellung der Abhängigkeiten sprechen wir über die Frage, in welcher Art und Weise Herr Kaiser nun auf Frau Schmidt zugehen sollte, damit Frau Schmidt von Herrn Kaiser das bekommt, was sie braucht, um ihr Verhalten zu verändern.

Wir sprechen über Herrn Kaisers Aufgabe, in Wirkungen zu denken, und darüber was er braucht, um die Entscheidung zu treffen, Frau Schmidt zu vertrauen. Mit den Dialogen ist es natürlich nicht getan. Denn in der Coachingumgebung hören sich Ideen machbar an, die sich (zurück im Unternehmen) als sehr zeitraubend und arbeitsintensiv entpuppen. Erst im Unternehmen stellt sich dann heraus, wie anstrengend es sein kann, das eigene Verhalten wirklich zu verändern.

1.5.3 Fallbeispiel: Die Interaktion zweier Denkmuster

Nachdem wir die Theorie der Denkmusterproduktion besprochen haben, brauchen die Klienten zumeist noch weitere hilfreiche Entwürfe zu diesem Begriff.

Obwohl es den Klienten anhand der Denkmuster Produktionsschritte (Input, Produktion, Output) vielleicht noch einleuchten mag, wie sie ihr eigenes Denkmuster produzieren, fällt der Wissenstransfer nämlich vor allem dann schwer, wenn es darum geht, das Denkmodell eines anderen zu tolerieren.

▶   Für meine Klienten stellt sich die Frage: „Wie bekomme ich es hin, mit jemandem zu arbeiten, dessen Denkmodell sehr weit von meinem entfernt ist? Es geht darum, das Denkmodell des anderen zumindest gelten zu lassen. Wie soll mir das gelingen?"

Praxisbeispiel: „… die sagt mir nicht, wie ich meine Arbeit zu machen habe!"

Als Großprojektleiterin einer Versicherung verantwortet Petra Kersten 45 Personen, fünf in direkter Führung. Bereits seit einiger Zeit fällt ihr bei einer dieser direkten Führungskräfte, Tamara Stein, ein verändertes Verhalten auf.

Während Petra Kersten sich über Jahre hinweg auf Tamara Steins Beistand und Rückendeckung bei schwierigen Themen verlassen konnte, hat Frau Kersten in letzter Zeit das Gefühl, dass Frau Stein es nahezu darauf anlegt, ihre Ansichten zu widerlegen, um mit augenscheinlich „besseren" Lösungen um die Ecke zu kommen.

Bereits in mehreren Teammeetings hat Frau Stein keinen Hehl daraus gemacht, dass sie Frau Kerstens Vorschläge nicht gut findet, und begann daraufhin, Entscheidungen, die Frau Kersten bereits getroffen hatte, vor dem Team neu zu diskutieren.

Als ihr Frau Stein bei einem Meeting in Anwesenheit von Frau Kerstens Chef sogar in den Rücken fällt, platzt Frau Kersten endgültig der Kragen. Sie beschreibt mir aufgeregt: „Wie viele Meetings hatten wir jetzt schon gemeinsam? Und noch jedes Mal habe ich die Projektergebnisse vorgestellt, ohne dass Tamara hierzu etwas gesagt hätte. Und nun hat sie nichts Besseres zu tun, als bei zwei Kennzahlen ihren Senf dazuzugeben und meine Performance infrage zu stellen?! Was meint die, wer sie ist?"

Frau Kersten ist sauer und enttäuscht. Jahrelang hat sie Frau Stein unterstützt und gefördert und jetzt so was. Aber eins ist klar, Frau Kersten „lässt sich von niemandem sagen, wie sie ihre Arbeit zu machen hat".

Auf meine Frage, welches Ziel Frau Kersten mit dem Coaching verfolgt, antwortet sie mir: „Ich will auf alle Fälle mit Frau Stein über ihr Verhalten reden und frage mich, wie ich das am besten anstelle?" „Denn die sägt doch eindeutig an meinem Stuhl, dann soll sie mir das zumindest einmal ins Gesicht sagen!"

In den ersten Gesprächen mit Frau Kersten habe ich mit ihr die Denkmusterproduktion durchgesprochen. Die Folgesitzungen nutze ich, um Frau Kersten anhand eines Modells der im Jahr 2011 verstorbenen Managementtrainerin Vera F. Birkenbihl aufzuzeigen, wie es ist, wenn sich zwei Denkmuster gegenüberstehen und die Frage im Raum steht, wie man auf ein bestimmtes Level der Kooperation kommen kann.

Vera Birkenbihl entwickelte dieses Modell ursprünglich, um die Herausforderungen der zwischenmenschlichen Kommunikation aufzuzeigen. Doch eine misslungene Kommunikation ist häufig ein Symptom dafür, dass man das jeweils andere Denkmuster nicht toleriert. Deshalb eignet sich dieses Modell auch hervorragend, um die Denkmodelle noch mal auf ganz neue Art zu „verbildlichen".

Vera Birkenbihl's „Inselmodell" ist ein sehr kreativer Zugang zu dem bisher eher mechanisch geprägten Bild des Denkmusters. Es hat sich herausgestellt, dass meine Klienten Birkenbihl's „Inselmodell" gerne nutzen, um sich dem generell eher komplizierten Thema der eigenen Überzeugungen und Wahrheiten auf „leichte" Weise zu nähern. In den gemeinsamen Sitzungen skizziere ich daher nahezu genau das Modell, das Birkenbihl in ihrem Video erklärt, dass Sie leicht im Netz unter der Eingabe „Birkenbihl Insel" finden können.

Ein wichtiger Start, denn in allen Sitzungen danach bleibt der Satz „Denken Sie an die Insel des anderen" ein wichtiger (und für manche Klienten auch ein sehr nerviger) Erinnerungsanker. Und zwar immer dann, wenn der Klient sich zum wiederholten Male über die „unmögliche Art des anderen" aufregen will.

▶ **Das Inselmodell von Vera F. Birkenbihl** Vera Birkenbihl spricht davon, dass jeder von uns in einer unsichtbaren Insel lebt.

Wohlgemerkt „in", denn wir können diese Insel nicht verlassen. Diese Insel ist geprägt von unserer biologischen Verfassung, unserer Kultur, unserer Erziehung, von unseren Erfahrungen und Interessen, von unserer aktuellen Stimmung und den Hoffnungen und Ängsten, die wir in Bezug auf unsere Zukunft hegen.

Wenn wir nun mit jemandem interagieren, trifft die eine Insel auf die andere Insel. In den guten Momenten des zwischenmenschlichen Austauschs sind die Insel des einen und die Insel des anderen in der Lage, aneinander anzudocken, sich zu überlappen und sich vielleicht sogar ein gemeinsames Stück Strand zu teilen.

Birkenbihl betont, dass dies die Momente sind, in denen wir den anderen als eloquent oder sehr fähig wahrnehmen. Mit solch einem (inselüberlappenden) Menschen tauscht man sich gerne aus …

Oft jedoch überlappen unsere Inseln nicht. Im Gegenteil: Sie schwimmen im Ozean sogar kilometerweit voneinander entfernt. Mal schwimmen Inseln aneinander vorbei, mal voneinander weg.

Ob und wie die Inseln aneinander vorbeischwimmen, das hängt davon ab, in welcher Abhängigkeit wir zum anderen stehen. Es gibt unzählige Fälle, in denen es kein Problem ist, die Insel des anderen schwimmen zu lassen, weil dessen Insel keine Rolle für unsere Ziele spielt.

Aber gesetzt den Fall, ich kann die Insel des anderen nicht außer Acht lassen. Gesetzt den Fall, ich brauche die Insel des anderen, um mit meiner Insel meine Ziele zu erreichen. Und gesetzt den Fall, der andere wohnt in einer Insel, mit der ich mir eben keinesfalls ein Stück Strand teilen will. Was ist dann zu tun?

Birkenbihl betont, dass hier nur ein Brückenbau stattfinden kann.

Inseln, die sich zum Überleben gegenseitig brauchen, aber sich kein Stück Strand teilen möchten, werden nicht umhin kommen, eine Brücke von Insel zu Insel zu bauen.

Doch wie kann das gelingen?

Bei Petra Kersten – und bei allen anderen Coachings, bei denen meine Klienten aufgefordert sind, eine Brücke zu bauen – geht es in den weiteren Sitzungen dann um das, was ich bereits des Öfteren in diesem Buch angedeutet habe:

a. Darum, sich über die eigene „Insel" Gedanken zu machen: Woraus und worauf wurde sie gebaut (= Denkmuster)?
b. Außerdem gilt es, darüber nachzudenken, worauf und woraus wohl die Insel des anderen gebaut sein mag.

Damit Petra Kersten ein zielführendes Gespräch mit Tamara Stein führen kann, ist es für Frau Kersten also äußerst hilfreich, Frau Steins Insel zu kennen. Die Frage, die sich Frau Kersten stellen sollte, lautet: Wie sieht die Insel von Tamara Stein aus?

Praxisbeispiel: „… die sagt mir nicht, wie ich meine Arbeit zu machen habe!" Fortsetzung

Coach: „Nachdem Sie das Inselmodell nun kennengelernt haben, möchte ich mit Ihnen an der Frage arbeiten, worauf und woraus Ihre Mitarbeiterin Frau Stein wohl ihre Insel gebaut hat."

Klientin: „Um Himmels willen! Woher soll ich das denn wissen? Ich bin froh, dass ich jetzt gerade mal ein wenig verstanden habe, woraus meine eigene Insel gebaut ist! Aber mich jetzt noch in die Kollegin zu versetzen, um darüber nachzusinnen, wie deren Insel aussieht … Da weiß ich wirklich nicht, wie das gehen soll!"

Coach: „Natürlich können wir hier nur wieder mit den Beobachtungen aus Ihrer Insel arbeiten. Wir werden auf keinen Fall herausfinden, wie die Insel von Frau Stein tatsächlich aussieht. Wir arbeiten ausschließlich mit Ihren Beobachtungen, die demzufolge auch von Ihnen beeinflusst sind.

Trotzdem ist es hilfreich, diese Beobachtungen von Ihnen zu hören. Es kann Ihnen selbst helfen, mehr über Frau Stein nachzudenken, sich in deren Situation zu versetzen. Ich leite diese Ihre Überlegungen an, indem ich Ihnen ein paar Fragen stelle und dann schauen wir mal, inwieweit wir die Insel von Frau Stein skizzieren können. In Ordnung?"

Klientin: [Immer noch sehr skeptisch]
„In Ordnung. Ich weiß aber nicht, ob mir das am Ende hilft, das Gespräch mit ihr aufzubauen …?"

Coach: „Lassen wir es auf einen Versuch ankommen und schauen wir uns mal an, mit welchen Überzeugungen Frau Stein Ihrer Ansicht nach arbeitet. Schauen wir uns mal an, welche Annahmen Frau Stein hat, welche Regeln ihr wichtig sind und worauf sie im gegenseitigen Miteinander Wert legt?

Ich möchte Ihnen hierfür zunächst eine kleine private Geschichte als Beispiel erzählen, die Ihnen vielleicht sehr banal vorkommt, Ihnen eventuell aber auch hilft das Thema „Überzeugungen und Muss-Annahmen" (Hypothesen), anders zu verstehen. Haben Sie Interesse?"

Klientin: „Gerne."

Coach: „Mein Vater ist ein großer Weinliebhaber. Schon als ich noch sehr jung war hat er mir eingetrichtert, dass ein Weinglas stets am Stiel zu halten ist und niemals (!) am Kelch.

Die Gründe dafür liegen auf der Hand: Es lässt sich schlecht anstoßen, wenn man das Glas am Kelch festhält. Man hinterlässt Fingerabdrücke am Glas und – im schlimmsten Fall – überträgt sich die Wärme der Hand auf den Wein. Kurzum: Ich hatte in meiner „Insel" gelernt, dass es ein absolutes No-Go ist, das Weinglas am Kelch zu halten, und dass dies nur „unaufgeklärte Banausen" tun.

Nun, es kam, wie es kommen musste: Als ich zu Beginn meiner Karriere einer der ersten offiziellen Abendessen mit meinem Chef hatte, bestellte sich dieser ein Glas Wein und trank diesen – zu meinem großen Entsetzen – indem er das Glas am Kelch anfasste. Ich ließ mir natürlich nichts anmerken. Aber doch musste ich nun auf meiner Insel mit dem Gedanken klar kommen: Mein eigener Chef ist ein „unaufgeklärter Banause". Das hatte mir noch gefehlt! Doch was also sollte ich jetzt mit dieser Erkenntnis anfangen?

Frau Kersten, Sie fragen sich jetzt womöglich, was dieses augenscheinlich banale „Kniggebeispiel" mit Ihrem komplexen Inselproblem zu tun hat?"

[Klientin nickt]

Coach: „Nun, ich denke, eine Menge. Denn das, was Sie an Frau Stein stört – dass sie Sie berichtigt und Sie hinterfragt – das ist etwas, von dem Sie in Ihrer Insel entschieden haben, dass es ein absolutes No-Go ist. Somit darf es auch nicht von einem Menschen getan werden, den Sie seit vielen Jahren protegieren.

Was mich und meinen Chef betraf: Selbstverständlich hat dieser Moment nicht die Beziehung oder den Respekt zu meinem Chef zerstört. Und doch ist ein kleines bisschen Geringschätzung „hängen geblieben" in diesem Moment.

Ein kleiner „Inselunterschied", der ausschließlich mich irritierte und den somit ausschließlich ich relativieren konnte. Mein Chef mag zwar der gewesen sein, der das Weinglas am Kelch hielt, doch ich war die, die das Problem damit hatte. Ich war die, die ihm die Zuschreibung „Banause" gegeben und es somit für mich problematisch machte. Und daher musste auch ich dieses Problem für mich lösen.

Ich denke, es sind genau die Dinge aus unserem Denkmuster, aus unserer Insel, die den Brückenbau so schwer machen.

Überzeugungen, die man im Laufe des Lebens angenommen hat, Ansichten, von deren Richtigkeit man felsenfest überzeugt ist. Und wenn Sie der Meinung sind, dass ein „Weinglas-Fauxpas" nicht mit beruflichen Herausforderungen zu vergleichen ist, dann habe ich für Sie noch ein anderes Beispiel: Es handelt von einem Klienten, der es als äußerst unhöflich empfand, von einem Kollegen stets ohne Ansprache, ohne ein „Hallo" oder ein „Guten Tag" in der E-Mail angesprochen wurde …"

Hiernach erarbeite ich mit Frau Kersten, wie Frau Steins Insel (ihr Denkmuster) möglicherweise beschaffen sein könnte.

Ich frage Frau Kersten, die unterschiedlichsten Dinge über Frau Stein: Von Ihrer Art, ins Büro zu kommen, ihrer Art sich zu kleiden, ich frage nach allem, was Frau Kersten privat über Frau Stein weiß, wie Frau Stein sich in Meetings verhält, in welchem Stil sie E-Mails schreibt, welche Sätze sie immer wieder benutzt, wie der genaue Wortlaut der Sätze ist, in denen Frau Stein „Man sollte" oder „Man muss" verwendet. Und ich befrage Frau Kersten über die möglichen Karriereambitionen von Frau Stein.

▶   All das mag überhaupt nichts über die Insel, das Denkmuster, von Frau Stein aussagen. Aber es hat zur Folge, dass Frau Kersten beginnt, sich in Frau Steins Rolle zu versetzen, sie (besser) kennen und verstehen zu lernen. Der Effekt: Meine Klienten kann sich darin üben, dass Verhalten ihres Gegenübers gelten zu lassen. Das mag nicht nach viel klingen. Und doch kann es für die weitere Zusammenarbeit Gold wert sein.

Erst nach unserer intensiven Auseinandersetzung über Frau Stein lohnt es sich meines Erachtens, mit Frau Kersten ein Gespräch zwischen ihr und Frau Stein inhaltlich vorzubereiten.

1.6   Durch Denken zum Dulden: Toleranz – eine längst vergessene Führungsqualifikation?

Wie in „Was Sie wissen sollten, bevor Sie dieses Buch lesen" beschrieben, braucht die Veränderung des eigenen Denkmusters sehr viel Zeit und Disziplin.

Zunächst braucht es Zeit, über das eigene Denken nachzudenken, und dann braucht es Disziplin, dieses Denken an den Punkten zu verändern, an denen es den Weg zum Ziel erschwert oder unmöglich macht.

Doch nicht nur die Arbeit an „sich selbst" ist das, was große Disziplin verlangt. Das, was Ihnen die größte Selbstkontrolle und viel Energie abverlangt, ist vielmehr das Bewusstsein, dass Sie von Ihrem Denkmuster abhängig sind, und der beständige Versuch, den anderen in seinem eigenen Denkmuster gelten zu lassen.

Sich in Geduld und Toleranz zu üben – ich höre immer wieder, wie anstrengend diese Übung für meine Kunden ist.

Der Begriff „Toleranz" (etwas ertragen, aushalten oder erdulden) scheint im beruflichen Umfeld irrelevant, bestenfalls eingestaubt zu sein. Zudem ist die Fähigkeit, anderen mit Toleranz zu begegnen, als qualitative Führungsanforderung in den Kompetenzbögen der Personalabteilungen nicht wirklich zu finden.

▶   Dabei ist doch gerade die Fähigkeit, andere Meinungen und Hand-
      lungen zu tolerieren, eine der wesentlichen Regulatoren für den ei-
      genen Stresspegel.

Es lohnt sich daher, in die Definition der Toleranz etwas tiefer einzutauchen.
    Eine ganz hervorragende Erklärung hierüber findet man im Artikel „Toleration" von Prof. Andrew Fiala. Fiala ist Leiter des Ethic Centers an der California State University, Fresno (Fresno State). Er definiert Toleranz folgendermaßen:

> „Wenn wir heute sagen, dass jemand eine „hohe Toleranz für Schmerzen" hat, meinen wir damit, dass er oder sie Schmerzen ertragen kann. Diese gewöhnliche Denkweise ist nützlich, um die Vorstellung von Toleranz […] zu verstehen. Sie unterstreicht die Tatsache, dass Toleranz von einem Agenten (dem handelnden Subjekt *[AG]*) auf etwas gerichtet wird, das als negativ wahrgenommen wird. Es wäre seltsam zu sagen, dass zum Beispiel jemand eine hohe Toleranz für Vergnügen hat."

Demnach formuliert Andrew Fiala „drei miteinander zusammenhängende Bedingungen für die Definition der Toleranz:

a – der Agent hat ein negatives Urteil über diese Sache;
b – der Agent hat die Macht, die Sache zu negieren; und
c – der Agent verzichtet absichtlich auf die Verneinung [Ablehnung-*AG*]"

(Fiala 2018)

▶   Im Kern geht es bei der Toleranz also darum, etwas nicht *aktiv* abzu-
      lehnen, was man eigentlich ablehnen könnte.

Eine Paradoxie, ein Widerspruch, der offenbart, warum das Tolerantsein sich gelegentlich so anfühlt, als sei man sich selbst untreu.
    Womöglich ist dieser Widerspruch auch einer der federführenden Gründe dafür, dass meine Klienten sich fragen, ob sie im Umgang mit anderen wirklich „so sein wollen". Die Angst ist spürbar, die eigene Autonomie könne zugunsten der Autonomie eines anderen missachtet werden und einem selbst könne Ungerechtigkeit widerfahren.

Dabei ist es genau diese Paradoxie, die Sie dazu auffordert, die Verantwortung für Ihr Denken zu übernehmen und zu erkennen, wann bzw. in welchen Situationen das Tolerantsein Sie dabei unterstützt, Ihr dysfunktionales Denken aufzulösen.

Fragen Sie sich, wann bzw. in welchen Situationen es Ihnen helfen könnte, darauf zu verzichten, eine Aussage, eine Handlung, ein Verhalten eines anderen Menschen abzulehnen und dieses stattdessen einfach ohne Wertung so stehen zu lassen, zu dulden. Fragen Sie sich, wann bzw. in welchen Situationen es für Sie vorteilhaft ist, Ihre Intoleranz abzulegen.

Natürlich hat auch das Tolerantsein seine Grenzen. Zum Beispiel in Situationen, in denen Ihr Gegenüber eine massive Grenzüberschreitung gleich welcher Art begeht oder Ihr Tolerantsein dazu führt, dass grundlegende Rechte und Regeln missachtet werden. Doch im beruflichen Kontext sind solche Fälle eher selten. Vielmehr reicht im Berufsleben die subjektive Abneigung gegen die (unmögliche) Meinung eines anderen oft schon aus, um der Intoleranz Tür und Tor zu öffnen.

Gleich zu Beginn seines Artikels schreibt Andrew Fiala „Das Herz der Toleranz ist die Selbstkontrolle." Sich in eben dieser zu üben, erfordert Zeit und Disziplin. Doch es wird sich für Sie lohnen! Denn, so Fiala weiter:

> „Es ist wichtig darauf hinzuweisen, dass Duldung ein positiver Wert ist […]. Die Befürworter der Toleranz sind der Meinung, dass Selbstkontrolle gut ist, […] weil sie in ein System von moralischen Werten passt, das Werte wie Autonomie, Frieden, Zusammenarbeit […] beinhaltet, die als gut für die menschliche Entwicklung angesehen werden." (Fiala 2018)

▶ Sich in Toleranz zu üben, weil es letzten Endes gut für die eigene Entwicklung ist? Toleranz als neuer Rohstoff, um dem alten Denkmuster zu begegnen? Ich weiß nicht, wie es Ihnen geht, aber ich empfand die Aussicht darauf so verlockend, dass ich diese Erfahrung unbedingt machen musste.

Literatur

Eagleman D (2017) The brain. Pantheon, München
Fiala A (2018) Toleration. Internet Encyclopedia of Philosophy. https://www.iep.utm.edu/tolerati/. Zugegriffen am 17.04.2019
Simon F (2015) Einführung in Systemtheorie und Konstruktivismus. Carl-Auer, Heidelberg
von Foerster P (2013) Wahrheit ist die Erfindung eines Lügners. Carl-Auer, Heidelberg, S 160

Kommunikation: Viel sprechen und doch nichts gesagt

2

Vom arglosen Umgang mit den Herausforderungen der Kommunikation

Zusammenfassung

Kurz und schmerzlos: In diesem Kapitel lernen Sie *nicht,* wie Sie richtig oder erfolgreich kommunizieren können.

Ich hüte mich davor, Sie mit Tipps und Tricks zu versorgen, die Sie veranlassen zu glauben, dass nur dieses oder jenes zu tun sei und schon klappe es mit der zwischenmenschlichen Verständigung.

Mal ganz abgesehen davon, dass es gar nicht möglich ist, vorauszusagen, ob Kommunikation klappt oder nicht, kam ich bisher leider nicht in den Genuss, Sie in Ihrer Kommunikation zu beobachten. Denn nur dann könnte ich Ihnen zumindest sagen, was *ich* erkenne, wenn *Sie* sprechen und Ihnen meine Beobachtungen spiegeln. Und selbst dann wäre nicht sichergestellt, dass Ihnen geholfen wäre und dass Sie danach wüssten, wie „richtige" Kommunikation funktioniert.

Was können Sie also von diesem Kapitel erwarten?

Nun, ich hoffe, Ihnen etwas Neues zu Kommunikation erzählen zu können. Etwas, das einen Unterschied zu dem macht, was Sie bisher über Kommunikation gedacht haben. Und ich hoffe, dass dieser Unterschied Sie von der Notwendigkeit überzeugt, Kommunikation nicht auf die leichte Schulter zu nehmen, und Ihnen klarmacht, warum die Art und Weise Ihrer Kommunikation ganz maßgeblichen Einfluss auf Ihre Gelassenheit und Ihren beruflichen Erfolg hat.

Mein Ziel ist es, Ihnen in diesem Kapitel zu zeigen, warum es sich lohnt, kommunikativen Prozessen mit Disziplin und einer Prise Demut zu begegnen.

© Springer Fachmedien Wiesbaden GmbH, ein Teil von Springer Nature 2019
A. Götze, *Was erfahrene Führungskräfte wissen sollten,*
https://doi.org/10.1007/978-3-658-26576-2_2

Dafür schauen wir auf:

a. die Lieblingskommunikationsmodelle der Führungskräfte und warum deren Umsetzung in die Praxis oftmals misslingt.
b. die alltäglichen Begriffe, die Kommunikationsprozesse beschreiben, und warum diese irreführend sein können.
c. praktische Beispiele zum Thema Kommunikation aus den Führungskräftecoachings.

2.1   Kommunikationsfähigkeit: Der heilige Gral der Führungskompetenz?

An wie vielen Schulungen, Fortbildungen, Seminaren oder Onlinekursen, die das übergreifende Thema „Kommunikation" behandelten, haben Sie in Ihrer Karriere bereits teilgenommen? Können Sie diese noch an einer oder zwei Händen abzählen? Ich befürchte nein!

Kommunikationstrainings sind zweifelsohne die „Mutter" aller Fortbildungen. Ich behaupte, dass nahezu jedes Unternehmen diese Trainings als ein Must-have der Mitarbeiterentwicklung betrachtet, denn schließlich gibt es im Bereich der Kommunikation immer etwas zu verbessern oder etwa nicht?

Ich habe versucht, mich an die Titel der Kommunikationstrainings zu erinnern, an welchen ich in den 18 Jahren, in denen ich im Angestelltenverhältnis arbeitete, teilgenommen habe. Nicht viele sind mir im Gedächtnis haften geblieben, daher nur dieser kleine Auszug:

„Erfolgreiche Kommunikation für Führungskräfte"
„Als Führungskraft Mitarbeitergespräche wertschätzend führen"
„Konstruktives Feedback geben - vom Vorgesetzten zum Mitarbeiter"
„Als Führungskraft Erfolge souverän kommunizieren"

Allein aufgrund dieser kurzen Liste könnte man davon ausgehen, dass Führungskompetenz und Kommunikationskompetenz auf eine gewisse Art und Weise nicht voneinander zu trennen sind.

Zudem entsteht der Eindruck, dass es für Führungskräfte eine erhebliche Herausforderung darstellt, diese Kompetenz wirklich zu entwickeln. Wie sonst ist diese Angebotsfülle und -diversität von Kommunikationstraining zu erklären?

Seit Jahren bieten Unternehmen ihren Führungskräften eine Fülle an Trainingsangeboten zu diesem Thema an. Das Wort „Kommunikation" wird dabei beharrlich mit dem Wort „Führung" in Verbindung gebracht und beide bilden mit einem weiteren Wort, und zwar mit „Erfolg", ein nahezu unschlagbar scheinendes Trio: „Führung", „Kommunikation", „Erfolg" – das sind gewissermaßen die „drei Musketiere der Trainingsinhalte", die dem gemeinen Personalentwickler die Freudentränen in die Augen treiben. „Wenn unsere Führungskräfte solch ein Training absolviert haben, dann kommunizieren sie nicht nur endlich mit dem Team, sondern tun dies auch erfolgreich?! Gebucht!"

Als ehemalige Personalerin liegt es mir natürlich fern, meinen Kollegen solch eine naive Betrachtungsweise zu unterstellen. Vielmehr verhält es sich doch so, dass Personalentwickler es sich gerade in der Führungskräfteentwicklung gar nicht leisten können, das Thema Kommunikation *nicht* zu schulen.

Denn fragt man Chefs, Kollegen oder Mitarbeiter: Führung kann ohne Kommunikation einfach nicht gelingen. Mehr noch: Führung scheint auf Kommunikation angewiesen zu sein!

Falls Sie jetzt Anstoß daran nehmen, dass ich den Begriff „Kommunikation" hier etwas zu weit fasse, bleibt es Ihnen natürlich freigestellt, ganz nach Belieben, die Adjektive „wertschätzend", „sachlich", „klar", „authentisch", „motivierend" oder auch „wirkungsvoll" voranzusetzen.

Konfliktvermeidung – ein aussichtsloser Kampf

Wenn ich meine Auftraggeber in den Unternehmen frage, warum sie die Kommunikationsfähigkeit von Führungskräften für so wichtig halten, erhalte ich oft mehr oder weniger übereinstimmende Antworten:

„Unsere Führungskräfte müssen wertschätzend (sachlich, effektiv …) kommunizieren können, um Konflikte zu vermeiden oder diese am besten gar nicht erst aufkommen zu lassen! Das ist das, was sich Chef und Mitarbeiter wünschen und somit ist es ein wichtiger Arbeitsinhalt für unsere Führungskräfte."

Für Unternehmen ist zwischenmenschliche Konfliktvermeidung selbstredend ein überaus wichtiges Ziel, weil es Ressourcen, Zeit und Geld spart.

Zahlreiche Unternehmenslenker und Personalverantwortliche sind daher auch heute noch der Ansicht, dass dieses Ziel primär über den Weg der Kommunikationskompetenz der Führungskräfte zu erreichen ist.

Wenn es um die wichtigsten Leadership-Kompetenzen geht, ist Kommunikationsgeschick daher seit Jahren auf den vorderen Plätzen der Kompetenz-Ranglisten. Und es ist nicht davon auszugehen, dass sich das in absehbarer Zeit ändern wird.

Dabei muss ich an dieser Stelle unbedingt anmerken: Es macht natürlich überhaupt keinen Sinn, Kommunikationskompetenz ausschließlich von Führungskräften einzufordern!

Denn gegenüber Mitarbeitern, die sich kommunikativ nicht einordnen können oder nicht den im Unternehmen geltenden Regeln folgen, bringen auch die Kommunikationsversuche der Chefs nichts, die von großer Wertschätzung geprägt sind.

▶ Es ist also notwendig, dass jeder Mitarbeiter eine gewisse Kommunikationskompetenz hat, ganz egal, wo er in der Hierarchie steht.

Warum diese Kompetenz jedoch gerade Führungskräften abverlangt wird, scheint strukturell bedingt aber dafür ziemlich homogen:

a. Auf Sicht der Mitarbeiter sieht das so aus: Eine ihrer Kernerwartungen an Führungskräfte ist, dass diese „mit gutem Beispiel vorangehen" sollen. Wer schon „oben" ist, der hat sich doch bitte schön auch in Kommunikation und Verhalten im Griff zu haben. Wofür werden die sonst bezahlt?

b. Aus der Perspektive der obersten Führungsetage lautet eine der Kernerwartungen an Führungskräfte ebenfalls, dass diese doch „mit gutem Beispiel vorangehen" sollen. Wer Chef sein will, „der hat sich doch, bitte schön, auch in Kommunikation und Verhalten im Griff zu haben. Wofür sollten sie sich sonst Chef nennen dürfen?"

c. Von beiden Seiten – und das kommt erschwerend hinzu – herrscht meist noch die sehr naive Ansicht, dass Kommunikation eine Art „Übergeben von Informationen" ist. Etwas also, das von der Führungskraft an den Mitarbeiter gegeben wird. Somit hat die Führungskraft „doch bitte die Fähigkeit an den Tag zu legen, diese Information so zu übergeben, dass das gute Beispiel erkennbar ist und auch ein Konflikt gar nicht erst entsteht."

Falls dann doch ein Konflikt entsteht, kommt dann sehr schnell der Eindruck auf, dass dies der Kommunikationsunfähigkeit der Teamleitung zuzuschreiben ist.

▶ Die ansonsten gern benutzte Floskel „Es ist nie nur einer schuld" findet für das Thema Führungskräftekommunikation oft keine Anwendung. Es scheint, als gelte der Grundsatz: „Im Zweifel für den Mitarbeiter!"

Natürlich kann die Führungskraft nicht allein dafür verantwortlich gemacht werden, einen Konflikt zu vermeiden. In diesem Zusammenhang interessant ist die

Betrachtung von Fritz B. Simon, Professor für Führung und Organisation, in seinem Buch „Einführung in Systemtheorie und Konstruktivismus":

> „Im Gegensatz zum alltäglichen Sprachgebrauch ist Kommunikation *nicht* als Handlung einzelnen Akteuren zuzurechnen („Herr X kommuniziert großartig …") oder gar als Ausdruck einer individuellen Fähigkeit zu interpretieren. Man kann nicht allein kommunizieren, handeln hingegen kann man allein – das ist der Unterschied." (2015, S. 88)

Kommunikationsfähigkeit? Kenn ick, weeß ick, war ick schon!

Während also auf der einen Seite nicht ausschließlich die Führungskraft für misslungene Kommunikation zur Verantwortung gezogen werden kann, spreche ich sie auf der anderen Seite von der Vorbildfunktion im Bereich des zwischenmenschlichen Austauschs nicht frei.

Ich denke, dass sich Führungskräfte mit der Wirkung ihres Kommunikationsstils aktiv auseinandersetzen müssen. Das fängt bei der kritischen Selbstreflexion an und hört bei der Bitte an den Mitarbeiter auf, der Führungskraft Rückmeldung über ihren Kommunikationsstil zu geben.

Jedoch scheint es so zu sein, dass es gerade sehr erfahrene Führungskräfte für nicht notwendig halten, Ihre eigene Art der Verständigung ab und zu auf den Prüfstand zu stellen.

Nur, weil man eine Sache über die letzten Jahre im geschäftlichen Umfeld täglich trainiert hat, heißt es keineswegs, dass man es nicht noch viel besser, noch viel wirkungsvoller oder auch viel funktionaler tun könnte. Vor allem gerade dann nicht, wenn man selbst viele Jahre Führungskraft ist. Und nur, weil die eigenen Mitarbeiter sich in den letzten Jahren nicht über Ihre Art und Weise der Kommunikation beschwert haben, muss diese noch lange nicht gut sein.

Die Meinung, dass Führungsarbeit aufgrund fehlender Kommunikationskompetenz scheitern kann, ist zudem auch unter den Führungskräften selbst weit verbreitet. Daher sind Entscheider offensichtlich sehr darauf bedacht, in Bezug auf die eigene Kommunikationsfähigkeit keine Zweifel aufkommen zu lassen.

Das mag auch der Grund dafür sein, dass immer mehr Führungskräfte die Feeds der Geschäftspartner, Kollegen und Mitarbeiter auf XING oder LinkedIn mit eindrucksvollen Zitaten von eloquenten Persönlichkeiten zum Thema „Kommunikation" vollspammen.

> „Das Wichtigste an Kommunikation ist, zu hören, was nicht gesagt wird." *Peter Ferdinand Drucker, Ökonom*
> „Wer auf andere Leute wirken will, der muss erst einmal in ihrer Sprache mit ihnen reden." *Kurt Tucholsky, Schriftsteller*

oder wie wäre es mit etwas aus dem 13. Jahrhundert:

> „Bevor du sprichst lass deine Worte durch drei Tore schreiten: Sind sie wahr? Sind sie notwendig? Sind die freundlich" *Rumi, Dichter*

Ich beobachte die Postings der Führungskräfte in den Businessnetzwerken mit großem Interesse.

Mir scheint, als hege der ein oder andere Vorgesetzte die illusorische Annahme, dass man allein durch das Posten der Zitate als kommunikationsstark, besonders eloquent oder gebildet wahrgenommen wird.

Und vielleicht hoffen manche auch, die eigene Kommunikationsfähigkeit mit dem Posten kluger Zitate zu verbessern? So wie uns das Einkaufen im Biosupermarkt gesünder und das „Ab-und-zu-Radfahren" zu Umweltschützern macht?

Verstehen Sie mich nicht falsch: Nicht die Handlung des Zitierens sehe ich als das Problem an, sondern der Widerspruch im Verhalten, der sich dahinter verbirgt. Denn diese Zitate sind oft nur Schnipsel sehr wichtiger Aussagen, die (zwecks Effekthascherei?) aus dem Kontext gerissen werden.

Zudem erfüllen sie keineswegs den Zweck, den die Führungskraft damit verfolgt: sich als Könner und Bewunderer gelungener Kommunikation zu präsentieren.

Meine Beobachtung sieht daher so aus:

▶   Über das Thema Kommunikationskompetenz wird selbst in den Führungsetagen offensichtlich gerne diskutiert, belehrt oder auch dazu ermahnt.
    Die eigene Kommunikationskompetenz zu hinterfragen, steht dabei jedoch häufig nicht zur Debatte!

Gerade erfahrene Führungskräfte, die an den bereits erwähnten Fortbildungen zuhauf teilgenommen haben, fragen sich, was sie eigentlich noch an der Art und Weise ihrer Kommunikation verbessern sollen? Man scheint alles gesehen, gehört, geübt zu haben.

Wenn man also scheinbar bereits alle Kommunikationsmodelle gesehen hat und sich rhetorisch schon jahrelang als Führungskraft auf diesem Parkett bewegt, was soll da noch kommen?

„Natürlich sind Kommunikationstrainings wichtig, aber das doch vor allem in den ersten Jahren als Führungskraft. Danach hat man seine Tonspur gefunden und weiß grob, wie es geht." So zumindest höre ich es von meinen Klienten, wenn ich sie frage, wie sie ihre Kommunikationskompetenz einschätzen.

„Für mich sind das alles sehr gut nachvollziehbare Ansichten ...", antworte ich dann. „Aber seien Sie doch so nett, erzählen Sie mir trotzdem kurz, wie Sie zum Beispiel Meetings moderieren und durchführen. Wie und was Sie per E-Mail kommunizieren oder wie und wann Sie zu Ihren Angestellten sprechen? Und bei all meinen Fragen interessiert mich zudem sehr, wie viel Zeit Sie für Ihre Kommunikation aufbringen?"

Auf das Thema „Zeit für Kommunikation" springen meine Kunden dann meist sehr schnell an: Von „Mir bleibt ja kaum Zeit für Kommunikation" bis „Ich habe das Gefühl, ich quatsche und erkläre nur noch" begründen sie mir, warum es ihnen ihr Umfeld quasi unmöglich macht, effizient zu kommunizieren.

Die weiteren Schilderungen meiner Kunden lassen mich dann jedes Mal aufhorchen. Denn obwohl ich schon so viele Antworten gehört habe, bin ich immer wieder baff, wenn ich höre, warum meine Kunden „keine Zeit" für Kommunikation haben oder „zu viel Zeit" für Kommunikation aufwenden:

a. Ich höre von Jours fixes, die entweder kurz auf dem Weg zum Fahrstuhl geführt werden oder über zwei Stunden dauern.
b. Ich höre von E-Mails, die unzählige Male an unzählige Personen weitergeleitet oder eben gar nicht gelesen werden.
c. Ich höre von Entscheidungen, die zum 100sten Mal besprochen und dann doch wieder revidiert werden.

Im Anschluss frage ich meine Klienten, wie sie ihre „Kompetenz zu kommunizieren" einschätzen: „Worauf achten Sie, wenn Sie mit jemandem sprechen?", frage ich. Und fast immer höre ich die Antwort: „Ich versuche, darauf zu achten, was ich sage und wie ich es sage."

Das sind zwei wichtige Punkte, ohne Frage!

„Und wie stellen Sie sicher, dass Sie überhaupt etwas gesagt haben?", lautet meine Anschlussfrage. Mit dieser gewinne ich zumeist die Aufmerksamkeit der Führungskräfte, die sich bis dahin sicher waren, nichts mehr über Kommunikation lernen zu können.

2.2   Es ist ein Modell und es sieht gut aus

▷ **Modell**   Der gewählte Begriff „Modell" meint in diesem Buch beschreibende Modelle, die der Erklärung eines bestimmten Sachverhaltes dienen und eine Theorie darstellen, die aus der Sichtweise und auf den Beobachtungen des Modellentwicklers beruht.

Persönlich beschreibe ich Modelle als eine theoretische Konstruktion von Annahmen und nicht als Abbild der Wirklichkeit. Es gibt daher weder „falsche" noch „richtige" Modelle, sondern nur Modelle, die für den Beobachter funktionieren (für Ordnung im Denken sorgen) oder nicht funktionieren (für noch mehr Unordnung sorgen).

Ein Modell soll dem Betrachter möglichst schnell und einfach einen Eindruck davon verschaffen, wie „etwas" beschaffen ist. Nahezu alles Gegenständliche und nicht Gegenständliche kann sich in einem Modell abbilden lassen.

Ein Modell verschafft dem Betrachter schnell einen Eindruck davon, wie etwas (meist sehr kompliziertes) aufgebaut, strukturiert oder organisiert ist. Der Betrachter sieht, welche Abläufe in dieser Struktur stattfinden.

Ein Modell ermöglicht eine wunderbare Denkabkürzung. Es verlangt (oftmals) keine intensive Auseinandersetzung mit dem „Etwas", das im Modell dargestellt ist. Trotzdem kann sich der Betrachter eine Meinung über das dargestellte „Etwas" bilden, darüber kommunizieren und womöglich auch Konsequenzen für sein Handeln daraus ableiten.

Nahezu jedes Mal, wenn ich meine Klienten frage, welche Kommunikationsmodelle ihnen in Trainings näher vorgestellt worden sind oder welche Modell ihnen über die Jahre hinweg immer wieder im Unternehmen begegnet sind, nennen sie mir eines oder alle drei der nachfolgenden Modelle.

Alle drei sind in Trainings und Workshops (auch heute noch) häufig genutzte Erklärungsversuche, wie Kommunikation funktioniert:

a. das Kommunikationsquadrat (Vier Seiten einer Botschaft) von Schultz von Thun.
b. das Sender-Empfänger-Modell von Claude E. Shannon und Warren Weaver.
c. die fünf Axiome von Paul Watzlawick (Meine Klienten sprechen allerdings selten von den fünf Axiomen, sondern erwähnen meist nur Watzlawicks Satz: „Man kann nicht nicht kommunizieren").

Wahrscheinlich können auch Sie aus dem Stand heraus etwas zu diesen Modellen sagen?

Ich bin davon überzeugt, dass sich gerade bei langjährigen Führungskräften einige Aussagen dieser Modelle tief ins Hirn gebrannt haben und für Erklärungen zum Thema Kommunikation genutzt werden.

Über die Jahre mögen die umfänglichen Aussagen der Modelle zwar verblasst sein. Aber mein Eindruck ist, dass schlussendlich jede erfahrene Führungskraft für sich etwas aus diesen Modellen mitgenommen hat.

Ich würde sogar behaupten, dass ganze Generationen von Führungskräften sich seit jeher der Begriffe aus diesen Modellen bedienen und nicht müde werden, sie als Erklärung dafür heranzuziehen, warum im zwischenmenschlichen Miteinander mal wieder etwas schiefgelaufen ist:

- „Na, das hast du aber jetzt aber mit dem ganz falschen Ohr gehört …"
- „Vergiss nicht: Man kann nicht nicht kommunizieren, dein Blick sagt mir alles …"
- „Da hat das Sender-Empfänger-Prinzip wohl versagt, so hatte ich das nicht gesendet …"

In der Arbeit mit meinen Kunden hat sich über die Jahre für mich gezeigt, dass ein sehr großer Teil meiner Klienten einen sehr ähnlichen Wissensstand über diese Modelle hat.

Es scheint, als habe sich aus diesen Modellen im Laufe der Jahre so etwas wie eine „gemeinsame Essenz" herausgebildet, was ich vor allem an den von ihnen benutzten Begriffen festmache. Denn es vergeht nahezu kein Coaching, in dem meine Klienten nicht Worte wie Sender, Empfänger, Sachinhalt oder Beziehungsebene verwenden.

Ich halte es daher für wichtig, auch in diesem Buch noch mal auf diese Modelle zu schauen. Natürlich nicht in erklärender Funktion oder als Ratgeber, denn wer sollte das besser können, als die Verfasser selbst?

Eher möchte ich Ihnen zunächst aufzeigen, „was noch so vorhanden ist" in den Köpfen meiner Klienten, weil ich Grund zu der Annahme habe, dass diese Inhalte sich auch in Ihrem Kopf irgendwo ein Plätzchen gesucht haben.

Danach schauen wir mal etwas genauer auf das, was alle über Kommunikation zu wissen glauben.

Vier Ohren

Bei *Schulz von Thuns Kommunikationsquadrat* ist meinen Klienten vor allem das eindrucksvolle Bild im Kopf geblieben: das des Sprechers mit vier (Sachinhalt, Appell, Beziehungshinweis und Selbstkundgabe) Schnäbeln und das des Hörers mit vier Ohren.

Viele bekamen dadurch eine erste Ahnung davon, dass auf der anderen Seite nicht das ankommen muss, was gesagt worden ist. Jemand sagt was auf der Sachebene, das Gegenüber hört es auf der Appellebene – das war für viele meiner Klienten eine sehr eindrucksvolle Erklärung!

Ich weiß selbst noch, wie überrascht ich war, als ich einige Dialoge (vor allem im privaten Bereich) Revue passieren ließ und mir die Ursache der Missverständnisse plötzlich klar wurde, weil es mir wie Schuppen von den Augen fiel.

Man kann nicht nicht kommunizieren

Die Kraft des Nonverbalen ist meinen Klienten vor allem über *Watzlawicks erstes Axiom* („Man kann nicht nicht kommunizieren") im Gedächtnis haften geblieben und hat bei vielen eine große Wirkung hinterlassen. Meine Klienten sagen oft, dass sie sich schon kaum mehr daran erinnern können, wann sie diesen Satz zum ersten Mal gehört haben, er hat sich so in ihr Hirn gebrannt, dass manche das Gefühl haben, „er war schon immer da."

Meine Kunden erinnern sich an die Trainings, in welchen durch Übungen aufgezeigt wurde, dass Gesichtsausdruck, Blicke oder keine Antwort eben auch Kommunikation sind.

Aber auch Watzlawick zweites Axiom („Jede Kommunikation hat einen Inhalts- und einen Beziehungsaspekt") konnten sich meine Klienten offensichtlich sehr gut merken. Für manche war er zugänglicher, als Thuns „Sachinhalt und Beziehungshinweis". Dann hörte es bei den meisten aber auch schon auf.

Auch ich muss zugeben, dass die weiteren drei Axiome
Kommunikation ist immer Ursache und Wirkung.

a.   Menschliche Kommunikation bedient sich analoger und digitaler Modalitäten.

b.   Kommunikation ist symmetrisch oder komplementär.

für mich schwer in den Berufsalltag übersetzbar waren und ich konnte mir die Sätze auch einfach nicht merken.

Sender und Empfänger

Das, was wirklich alle meine Kunden im Kopf haben, wenn sie mit mir über Kommunikation sprechen, sind die Begriffe „Sender" und „Empfänger", geprägt aus dem Modell *von Claude E. Shannon und Warren Weaver.*

Wie sagte mal ein Klient zu mir: „Damit war doch glasklar vorstellbar, was mit Kommunikation gemeint ist." Ich würde behaupten, das Bild des Gebens von Information und das des Empfangens von Information ist für den überwiegenden Teil der Bevölkerung auch heute noch das Urbild von Kommunikation.

Selbstverständlich wurde in den Trainings damals besprochen, dass man es sich ganz so einfach nicht machen darf. Dass es Störungen im Kommunikationsprozess geben kann, wenn Sender und Empfänger nicht „kompatibel" sind und die Entschlüsselung der Botschaft dadurch nicht funktioniert.

Und sicher wurde schon damals mehr als einmal betont, dass Kommunikation so komplex ist, dass sie nicht nur auf Senden und Empfangen reduziert werden kann, sondern etliche andere Parameter für eine erfolgreiche Kommunikation eine Rolle spielen. Doch irgendwie blieb das vielfach nicht hängen oder verblasste zu schnell.

Das Sender-Empfänger-Modell ist wohl eines der wenigen Kommunikationsmodelle, das selbsterklärend zu sein scheint, da es vielen Menschen schon allein aufgrund seines Namens eine Erklärung liefert. Zudem reicht es aus, um die Arbeitswelt mit dem Totschlagargument „Mehr als senden kann ich nun wirklich nicht …" zu bereichern.

Will heißen: Der Sender spricht sich von der Eigenverantwortung für eine gelungene Kommunikation frei und schiebt die Schuld des misslungenen Dialogs dem Empfänger zu. Frei nach dem Motto: „… was kann ich dafür, wenn der nicht richtig empfangen kann …"

Notensicher
Kommunikation wird in vielen Seminaren für Führungskräfte auch als ein *Führungsinstrument* beschrieben – als ein Instrument, das richtig gespielt, Einfluss auf den Mitarbeiter hat. Mir leuchtete diese Idee damals ein und mir war klar:

Wenn Kommunikation (m)ein Führungsinstrument ist, dann sind meine Best-of-Sätze der Kommunikationsmodelle die Noten, die ich auf diesem Instrument spiele. Und über sehr viele Jahre meiner Tätigkeit im Angestelltenverhältnis habe auch ich angenommen, dass es für meine Kommunikation ausreiche, wenn ich mich ab und zu mal und immer mal wieder dieser Best-of-Sätze bediene:

a. Denk an die Schnäbel und die Ohren!
b. Wer sendet, wer empfängt?
c. Immer schön auf der Sachebene bleiben!

So kontrollierte ich mein Augenrollen bei überflüssigen Kommentaren, ich legte Wert darauf zu betonen, wenn ich etwas „von der Sachebene aus" ganz anders sah, und ich wusste, dass der Empfänger meine Botschaft im Zweifel nicht so aufnehmen würde, wie ich sie sendete.

Ich brauchte überraschend lange, bis ich schmerzhaft feststellte, dass meine Art des Spiels mit anderen Instrumenten nicht kompatibel war. Mein Klang war weder für ein Duett noch für ein Orchester tauglich. Genauer gesagt:

▶   Mein Denkfehler war, der Wechselwirkung keine Beachtung zu schenken, die während der Kommunikation stattfindet und auch Teil derselben ist.

Dass mein Gesagtes Ursache und Wirkung zugleich ist (Watzlawicks drittes Axiom), spielte für mich eine untergeordnete Rolle. Wenn ich an Kommunikation dachte, dachte ich an:„Ich sage meins" und dann „sagt er seins", dann „ich wieder meins." Und so weiter.

> Für mich war Kommunikation vor allem im beruflichen Kontext über viele Jahre ein Schlagabtausch, ein Pingpongder Worte.
>
> Wie vielen meiner heutigen Klienten erschien mir damals der Merksatz: „Achte darauf, was und wie du es sagst" ausreichend, um den Zweck der Verständigung zu erfüllen.
>
> Nur diesen Merksatz zu verinnerlichen, ist jedoch eindeutig zu kurz gedacht.
>
> Passender ist dieser: „Achte darauf, was und wie du es sagst … und dann höre noch genauer hin, was vom anderen daraufhin zu dir zurückkommt. Erst dann kannst du ahnen, was du von dir gegeben hast".

Erst durch die systemischen Ausbildungen und die Auseinandersetzung mit der kybernetischen Systemtheorie begann ich, dem Thema der Wechselwirkung die Aufmerksamkeit zu schenken, die sie verdient hat.

2.3   Theoretisch gut, praktisch gefährlich: Warum ein Modell immer nur Ihr Modell sein kann

Wie bereits erwähnt, habe ich bei der Arbeit mit meinen Klienten festgestellt, dass sie die Theorien unterschiedlichster Kommunikationsmodelle kennen und dass sie ihnen einleuchten. Wenn sie aber versuchen, sich in der Praxis nach einem Modell zu richten, geraten sie in Schwierigkeiten. Warum ist das so?

Jeder meiner Kunden hat seine eigene Vorstellung von den Begriffen Sender, Empfänger, Information oder Sachebene. Doch eben in dieser „beliebigen Anwendbarkeit" und vermeintlich leichten Verständlichkeit des Modells steckt auch die Gefahr. Nur, weil etwas schnell und leicht verstanden wird, muss es noch lange nicht schnell und *leicht anwendbar* sein.

Die Erklärungen, die sich meine Klienten anhand der vorliegenden Modelle selbst geben, werden der Komplexität nicht gerecht, in der sich ein Kommunikationsprozess meist darstellt. Dies liegt unter anderem an der persönlichen Beschreibung und Definition der Modellbegriffe:

Wie bereits erwähnt, sollte ein Modell, „kurz und knackig" sein, einfach zu erklären sein und es sollte nicht durch eine zu komplizierte Wortwahl verwirren. Das Gehirn sollte die Worte im Modell schnell auffassen und vor allem zuordnen können.

Modelle, die einer breiten Masse nutzen sollen, brauchen also eine gewisse Allgemeingültigkeit – gerade im Bereich der Sprache. Anders ausgedrückt: Es hilft, wenn die Begriffe, die in einem Modell verwendet werden (Sender, Empfänger, Sachebene, Beziehungsebene), der Umgangssprache angehören und wenn die Modellinhalte dem „gesunden Menschenverstand" entsprechen.

Die Krux ist nur: Es gibt ihn nicht, den einen und für alle *einhellig geltenden* gesunden Menschenverstand, auf den sich gemeinhin geeinigt wurde. Und der Begriff Umgangssprache ist irreführend, weil es keine allgemeingültigen Begriffsdefinitionen gibt – wenngleich es sehr wohl eine gemeinsame Akzeptanz über die Verwendung von Begriffen gibt.

Es mag kulturelle Übereinkünfte im sozialen Miteinander geben. Aber bei Begriffen, die ein Modell verwendet, von einer wie auch immer gearteten Allgemeingültigkeit auszugehen, ist meines Erachtens gefährlich und macht Kommunikation schwieriger, als sie sowieso schon ist.

Es gibt keinen Pott voll mit Worten, auf den wir für die Begriffsdefinition alle gemeinsam zugreifen können, damit jeder weiß, was gemeint ist. Die Anzahl der „Pötte" entspricht der Anzahl der Menschen.

Kommt Ihnen das bekannt vor?

▶   Sie ahnen es: Die in diesem Buch ausführlich besprochenen subjektiven Denkmuster machen selbstverständlich auch vor dem Thema Kommunikation keinen Halt.

   Das bedeutet, dass das Modell, das Sie betrachten, für Sie immer nur das sein kann, was Ihnen Ihr Denkmuster an Erklärungen anbietet.

   Ein Modell ist immer *Ihr* Modell.

Um die Kommunikationsmodelle erfolgreich in den Arbeitsalltag zu übersetzen, müssen Sie daher nicht nur wissen, wie ein Kommunikationsprozess in der Theorie aussehen kann; Sie müssen auch verstehen, wie die genutzten Begriffe für dieses Modell definiert sind.

Sie müssen verstehen, welche Bestimmung, welche Funktion dieser Begriff im Modell einnehmen soll.

Alltägliche Modelle mit Konfliktpotenzial

Ein ganz wunderbares Modell, das in Unternehmen häufig genutzt wird, ist das Organigramm.

Die ganze Organisation auf einen Blick. Aufgaben, Kommunikationswege, Verantwortlichkeiten, alles da. Eine hilfreiche theoretische Übersicht, wie sich das menschliche Tun in der Praxis gestaltet.

Wenn Sie schon mit Organigrammen zu tun hatten, wovon ich ausgehe, dann wissen Sie, dass die Theorie mit der Praxis nicht viel gemein hat. Denn die im Organigramm dargestellte scheinbare Ordnung mag sich im „echten Leben" partout nicht einstellen. Eher scheint in der Realität das Chaos an der Tagesordnung.

Dabei ist es doch eigentlich gar nicht so kompliziert. Die Begriffe, die im Organigramm stehen – etwa „Einkauf", „Personal" oder auch „Vertrieb" – sind scheinbar allgemeingültige Begriffe. Und nach dem „gesunden Menschenverstand" (den ich hierfür kurz noch mal strapazieren möchte) sollte klar sein, wer was macht und wer wem was zu sagen hat:

- Der Begriff „Vertrieb" ist in Organigrammen für den Bereich bestimmt, der sich darum kümmert, dass der Kunde sein Produkt erhält.
- Das Wort „Personal" beschreibt die Abteilung, die sich um die Mitarbeiter im Unternehmen kümmert.
- Im Bereich „Finanzen" werden die Geldmittel verwaltet.

Sie haben natürlich schon lange herausgefunden, dass die Begriffe in Organigrammen nicht für bare Münze zu nehmen sind, sondern ausschließlich der groben Orientierung im Unternehmen dienen.

Ihnen ist klar: Nur weil „Vertrieb" im Kästchen steht, heißt das noch lange nicht, dass in diesem Kästchen tatsächlich auch nur „Vertrieb" stattfindet.

Sie wissen von den gegebenen Abhängigkeiten und Zusammenhängen aller Kästchen und würden niemals auf die Idee kommen, diese Kästchen als autark anzusehen, also zu glauben, dass sie voneinander unabhängig seien.

Zudem lehrt Sie Ihre Erfahrung, dass die gewählten Begriffe im Organigramm nicht unbedingt immer konform sind mit ihrer ursprünglichen Bestimmung und mit dem, was die Abteilung tatsächlich tut. Die Aufgaben in den Abteilungen sind bereichsübergreifend und heterogen, und nahezu nie nur einem Bereich zuzuordnen.

Oftmals stehen die Kästchen für ein Sammelbecken an Aufgaben, die – damit ein schneller Überblick gewährleistet ist – eben nicht detailliert aufgeführt werden.

Ein untrügliches Zeichen dafür, dass in den Organigrammen von Unternehmen Begriffe und Aufgaben einander oft willkürlich zugeordnet sind, lässt sich meist am Verhalten neuer Mitarbeitern beobachten.

Zu Anfang ihrer Firmenzugehörigkeit nehmen diese Mitarbeiter die Organigramme oft noch für „bare Münze", um sich „irgendwie" im Unternehmen zurechtzufinden. Denn sie sind für neue Mitarbeiter eine wichtige Orientierungshilfe, um eben auch das eigene Verhalten entsprechend zu steuern.

Und so kann es schon mal vorkommen, dass „der neue" Herr Müller, der wegen der Verkaufszahlen eines Produkts den Vertrieb aufgesucht hat, schlussendlich doch zum Marketing geschickt wird.

Um sich zurechtzufinden und genau zu verstehen, was denn dann mit „Vertrieb" im eigenen Unternehmen gemeint ist, kommt Herr Müller also nicht umhin, im Vertrieb selbst nachzufragen, welche Aufgaben für diesen Bereich vorgesehen sind und welche nicht.

Der Mitarbeiter muss verstehen, was in diesem Unternehmen unter dem Begriff „Vertrieb" verstanden wird. Das kann auch bedeuten, dass er das, was er bisher unter „Vertrieb" verstand, revidieren muss.

Das Organigramm (das Modell) wird nun vom Mitarbeiter mit dem gefüllt, was er dazu gelernt hat. Und er versteht nach und nach, was *in diesem Unternehmen* mit „Vertrieb" gemeint ist. Von Mal zu Mal wird er sich besser orientieren können.

> Theoretisch war dem Mitarbeiter das Modell also schnell klar. Praktisch darin bewegen konnte er sich jedoch nicht. Er musste erst verstehen, wie die Begriffe im Modell belegt sind.
>
> Ein Modell und die im Modell gewählten Begrifflichkeiten stellen eine „objektive" Ordnung her, die es *so* nicht gibt. Sie können weder das Modell noch den Begriff „objektiv" betrachten, sondern immer nur mit Ihrer Definition und Interpretation.

Die Begriffe in den Modellen bilden nur die Spitze des Eisbergs. Um eine Kollision mit diesem zu vermeiden, lohnt es sich zu wissen, was sich darunter, was sich in der Tiefe verbirgt.

Kommen wir dafür noch einmal zurück auf das Sender-Empfänger-Modell von Claude Shannon und Warren Weaver, und tauchen wir etwas tiefer in die Bestimmung und die Funktionsweise der Begriffe „Sender" und „Empfänger" ein.

2.4 Die Trivialisierung des Sender-Empfänger-Modells: Vom störenden Rauschen zwischen Theorie und Praxis

Im Buch des Soziologen Armin Nassehi „Die letzte Stunde der Wahrheit. Warum rechts und links keine Alternative mehr sind und die Gesellschaft ganz anders beschrieben werden muss." (Murmann Publishers 2015) fragt sich der Autor unter anderem, ob es ein analoges Leben in der digitalisierten Welt geben kann.

Für seine Überlegungen beginnt der Autor daher zunächst mit der übergeordneten Frage nach der Kommunikation und zieht hierfür die (mathematische!) Kommunikationstheorie (Sender-Empfänger-Modell) von Claude E. Shannon und Warren Weaver heran.

Nassehi's Ansichten und Erklärungen zu diesem Modell sind meines Erachtens sehr einleuchtend und zeigen auf, warum es unter Umständen gefährlich ist zu glauben, dass ein theoretisches Kommunikationsmodell ein alles erklärender „Heilsbringer" für die Praxis ist:

> „Das Sender-Empfänger-Modell dieser klassischen Kommunikationstheorie ist also keineswegs so simpel, wie es sich zunächst anhört, denn es wird nicht einfach ein Signal übertragen, sondern es wird darauf hingewiesen, wie voraussetzungsreich es ist, dass Signale als Signale rezipiert werden. Die Grundbedingung der Kommunikation – symbolisiert in der Metapher der gemeinsamen „Frequenz" – kann also nicht vorausgesetzt werden, sondern muss im Prozess der Kommunikation erzeugt werden. Shannons und Weavers Verdienst ist es also, auf die Unschärfe der Kommunikation hingewiesen zu haben. Sie haben letztlich sogar gezeigt, wie *unwahrscheinlich* Kommunikation ist, eben weil Kommunikationsprozesse stets mit der Unschärfe der Informationsübertragung umgehen müssen und gerade der Empfänger nicht einfach ein passiv empfangendes Gefäß ist[…].
> *Der Empfänger empfängt nach eigenen Verarbeitungsregeln, über die der Sender nicht verfügen kann!*" (2015, S. 161 f.)

Schauen Sie nochmals auf die Begriffe:

„Die Unschärfe der Kommunikation"/„die Unwahrscheinlichkeit der Kommunikation"/„eigene Verarbeitungsregeln, über die der andere nicht verfügen kann."

▶   Dies ist eine neue Art, über das Sender-Empfänger-Modell nachzudenken: Eben nicht als ein Modell, das zeigt, wie Kommunikation funktioniert, sondern eher als ein Modell, das zeigt, wie unwahrscheinlich es ist, dass Kommunikation (auf Anhieb) gelingt.

Das Problem im Umgang mit Kommunikationsmodellen ist nicht die Tatsache, dass wir sie für unser Verständnis heranziehen, sondern dass wir für unser (rasches) Verständnis darauf verzichten, den ganzen Kontext des Modells zu verstehen und die genutzten Begriffe zu hinterfragen.

Und so brennt sich ein fragwürdiges Sender-Empfänger-Modell in unser Hirn, von dem wir uns nur schwer wieder trennen können.

Wenn ich das Thema „Kommunikationsmodelle" mit meinen Klienten durchspreche, stellen sich viele die folgende Frage:

„Wenn Kommunikation aufgrund der jeweils subjektiven Verarbeitungsregeln eher unwahrscheinlich ist, wie ist Kommunikation dann überhaupt möglich? Im Job kommuniziere ich doch auch ständig und oft klappt es ja auch. Was steckt denn dann dahinter?"

Schauen wir hierfür auf einen Beispieldialog zwischen einem Kunden und mir:

Praxisbeispiel: Kommunikation über Kommunikation

Coach:	„Die Frage, wie Kommunikation überhaupt möglich sein kann, ist eine sehr wichtige Frage. Um gemeinsam eine Antwort zu finden, möchte ich gerne verstehen, welchen Zweck Sie Kommunikation zuschreiben. Was nutzt es Ihnen, zu kommunizieren?"
Klient:	„Ich würde sagen, mir nutzt es, zu kommunizieren, weil ich dadurch Neues lerne und Wissen austausche."
Coach:	„Beschreiben Sie mir den Austausch doch noch etwas genauer, bitte."
Klient:	„Nun, zum Beispiel tausche ich mich mit meinen Mitarbeitern aus, wenn sich im Projekt etwas ändern soll. Ich gebe ihnen Zahlen, Daten, Fakten über ein bestimmtes Thema oder erzähle ihnen aktuelle Entscheidungen aus der Managementetage und so weiter und so fort. Auf der anderen Seite kommuniziere ich natürlich auch, um von meinen Mitarbeitern Wissen zu erhalten. Denn selbstverständlich müssen sie sich auch mit mir austauschen. Darüber, was passiert ist, was es Neues gibt oder wie sich ein Projekt entwickelt."
Coach:	„Wenn ich Sie bitte, mir Kommunikation zu definieren: Wie würden Sie das tun?"
Klient:	„Ich würde Kommunikation als eine Art Austausch von Informationen und Wissen beschreiben."
Coach:	„Wie wir durch unser Gespräch über das Sender-Empfänger-Modell festgestellt haben, scheint jeder Mensch im Austausch von Informationen eigenen Verarbeitungsregeln zu folgen. Wir haben sogar besprochen, dass Kommunikation aufgrund dieser Regeln unwahrscheinlich ist. Aber ganz offensichtlich kommunizieren Sie ja mit Ihrem Kollegen. Man könnte sagen: Sie tauschen sich aus. Passt das so für Sie?"
Klient:	„Ja, ich denke, dass irgendwas zwischen den Menschen immer ausgetauscht wird.

Ob es aber dann noch das ist, was ich dem anderen eigentlich tatsächlich *sagen wollte*, das wage ich, zu bezweifeln.

Wenn die Verarbeitung der Informationen subjektiv und nach eigenen Regeln stattfindet, besteht für den Empfänger der Botschaft ja auch jederzeit die Möglichkeit, die Information nicht zu hören, umzuformulieren, etwas absichtlich falsch zu verstehen und so weiter und so fort.

Das würde dazu passen, dass mir Kommunikation in unserem Unternehmen teilweise sehr chaotisch vorkommt. Mir fallen dazu zum Beispiel ein paar Kollegen ein, die – da bin ich mir sicher – Informationen nach ganz anderen Regeln verarbeiten, als ich."

Coach: „Wenn Sie sich die Gespräche mit eben diesen Kollegen vor Augen führen, könnte man dann noch von einem Austausch sprechen?"

Klient: „Nein, ich denke, da wäre man falsch gewickelt."

Coach: „Können Sie sich vorstellen, wie kommunikativer Austausch mit den angesprochenen Kollegen dann überhaupt noch möglich ist?"

Klient: „Es würde wohl zunächst schon einmal helfen, wenn man die Regeln kennt, nach denen der jeweils andere Informationen verarbeitet."

Coach: „Das könnte zu unserer Anfangsfrage passen. Sie fragten: Wie kann Kommunikation überhaupt stattfinden?
Hätten Sie nun eine Antwort darauf?"

Klient: „Ich denke schon.
Kommunikation kann möglich sein, wenn man die Regeln, nach denen der andere Informationen verarbeitet, kennt und wenn man sich bestenfalls gegenseitig über die jeweiligen Verarbeitungsregeln austauscht.
Aber wie soll das vonstattengehen? Ich kenne ja noch nicht einmal meine eigenen Verarbeitungsregeln und wenn ich sie kennen würde, wüsste ich nicht, wie ich sie in Worte fassen sollte.
Und ich kann ja nun wirklich nicht vor jedem Gespräch auch noch mein Gegenüber fragen, wie dieser die Kommunikation gerne regeln möchte."

Coach: „Das wäre schon machbar, und sicher auch empfehlenswert".
Aber es scheint, als nähmen wir uns die Zeit hierfür nicht.
Dazu kommt:
Sie haben in Teilen sogar schon erfahren, wie man eine Vorstellung von den Verarbeitungsregeln des anderen bekommt,

aber dies bisher womöglich nur nicht in einen Zusammenhang zueinander setzen können.

Erinnern Sie sich noch an Ihre frühen Kommunikationstrainings? Sicher haben Sie damals schon gelernt, dass *Zuhören* ein wichtiger Aspekt in der Kommunikation ist. Und erinnern Sie sich noch an die Ratschläge der Trainer:

„Hört aktiv zu und stellt Rückfragen über das, was von euren Worten bei dem anderen angekommen ist!"

Zuhören und Nachfragen sind ganz essenziell, wenn es darum geht, die Verarbeitungsregeln des Gegenübers zu verstehen. Aber vielleicht wird in Welten, in denen wir uns vor allem gemerkt haben, dass Informationen von einem Sender gesendet und von einem Empfänger empfangen werden, dem Zuhören ein eher stiefmütterlicher Platz zugewiesen."

Klient: „Sie kommen mir jetzt aber nicht mit der Floskel, dass Kommunikation funktionieren kann, wenn man zuhört. Das ist mir viel zu einseitig! Und eins können Sie mir glauben: Wäre es wirklich so einfach, ich würde es tun."

Coach: „Nun, ich versuche, Ihnen zuzuhören, und meine, schon jetzt etwas über Ihre Verarbeitungsregel gelernt zu haben."

Klient: „Und was?"

Coach: „Eine Regel könnte lauten, dass Sie Dingen, die Ihnen bereits seit Jahren bewusst sind und die Sie aus dem Effeff zu kennen glauben, keine neue, sorgfältige Aufmerksamkeit mehr schenken wollen, wenn Ihnen das jemand vorschlägt.

Eine andere Regel könnte lauten, dass Sie diese Dinge zudem als „ist doch klar, ist doch logisch" bewerten und Sie daher noch weniger gewillt sind, über diese Dinge auf eine andere Art und Weise nachzudenken."

Klient: „Woran machen Sie das fest?"

Coach: „Nun, zum Beispiel daran, dass ich mit keiner Silbe gesagt habe, Zuhören wäre einfach."

Aktives Zuhören, sprich, das Gehörte noch mal mit eigenen Worten zu formulieren, Gefühle des Gegenübers zu spiegeln, nachzufragen, das Wichtigste zusammenzufassen … all das haben meine Klienten bereits bis zum Erbrechen geübt.

Und meine Klienten wissen auch, wie machtvoll die Frage „Wiederholst du mir noch mal kurz, was du jetzt von mir verstanden hast?!" sein kann, um Missverständnisse aus dem Weg zu räumen.

Doch irgendwie scheint in Gesprächen nie die Zeit dafür zu sein, aktiv zuzuhören und Rückfragen zu stellen. Mehr noch: Es besteht eine verzerrte Sicht auf das Thema: „Also ich kann sehr gut zuhören …" – raten Sie mal, wie oft ich das von meinen Klienten zu hören bekomme?!

Ich kann meine Kunden verstehen! Selbstverständlich bin ich mir völlig im Klaren darüber, wie Dialoge in Unternehmen teilweise ablaufen.

Verständnisfragen sind immer noch eher selten und oft auch hierarchieabhängig: Meine Teammitglieder hätte ich vielleicht noch gefragt, was von dem, was ich gesagt habe, sie denn jetzt wie verstanden haben. Aber meinen Chef? Ich erzähle ihm die neuesten Projektupdates und frage danach: „Kannst du mir noch einmal kurz zusammenfassen, wie du mich verstanden hast?" Wichtig. Aber sehr schwer vorstellbar!

So weit, so gut … und nun?

Bereits zu Beginn dieses Kapitels schrieb ich, dass es sich lohnt, über die jahrelang genutzten Kommunikationsbegriffe nachzudenken, wenn es dem Zweck dient, das eigene Kommunikationsverhalten positiv zu verändern.

Hierfür stelle ich Ihnen im nächsten Abschnitt einige neue Definitionen zu alt bekannten Begriffen vor. Definitionen aus den unterschiedlichsten Systemtheorien, die mich sehr beeindruckt haben und mich noch einmal völlig neu über Kommunikationsprozesse haben nachdenken lassen.

Hierbei handelt es sich vor allem um weiterführende Erklärungen zum Begriff *Information*.

Für diesen Begriff lohnt sich eine detaillierte Beschreibung in jedem Fall – wird Information doch als das wahrgenommen, was im Kommunikationsprozess ausgetauscht wird. Für viele meiner Klienten ist Information das Produkt, mit dem in der Kommunikation gehandelt wird. Wir schauen nachfolgend, ob diese Beschreibung zielführend ist oder nicht.

2.5   Aus der Theorie: Welche Begriffsdefinitionen gibt es?

2.5.1   Information ist wie gute Schokolade oder wie ein langweiliges Buch

„Ich habe ihm wirklich alle Informationen gegeben, die er brauchte, um das Projekt zu einem ordentlichen Ende zu bringen. Und das nicht nur einmal, sondern mehrfach. Und jedes Mal liefert er nicht das ab, was ich ihm aufgetragen habe. Mir reicht es langsam, aber sicher!"

Die Verzweiflung ist meinen Kunden anzuhören, wenn sie mir über die Erlebnisse ihres Arbeitsalltags berichten. Viele fragen sich: Wieso versteht der nicht, was ich meine? Und hier und da driftet es dann ab in ein „So blöd kann man doch nicht sein!"

„Mehr als informieren kann ich nicht!", ist eine häufig vorgebrachte Rechtfertigung dafür, dass meine Klienten es wirklich versucht haben, das mit der Kommunikation. Eben ganz nach dem Motto: „Ich habe dir alle Informationen gegeben, die du brauchst. Wenn du nicht in der Lage bist, damit umzugehen, ist das dein Problem."

„Vielleicht haben Sie ja gar keine Information gegeben", frage ich meine Klienten dann, worauf der ein oder andere völlig entrüstet reagiert: „*Ich* habe keine Information gegeben? Wissen Sie, wie oft ich mit dem zusammengesessen und ihm haarklein die Projektdetails geschildert habe? Etliche Male haben wir uns getroffen und geredet, geredet, geredet. Wie oft habe ich die Inhalte wiederholt! Mir kam es schon zu den Ohren raus. Sogar aufgeschrieben habe ich es ihm! Was soll ich denn noch tun? Es ihm vorsingen vielleicht?"

„Wenn das einen Unterschied für Ihren Kollegen machen würde, wäre es vielleicht eine Idee", sage ich dann.

Information *ist* nicht!
Ab wann können Sie sagen, ob Sie informiert haben oder ob Sie ausreichend informiert sind?

Sind Sie informiert, wenn Sie keine weiteren Fragen mehr haben? Wenn Sie wissen, was zu tun ist? Wenn Sie sich sicher fühlen?

Und sind Sie *nicht* informiert, wenn noch sehr viel Unordnung in Ihrem Kopf bleibt? Wenn Sie sich Dinge „zusammenreimen" müssen? Viele Fragen noch offen sind?

Woran lässt sich die Qualität von Information festmachen? Und geht das überhaupt?

Wie Sie gelernt haben, ist Information durch Kommunikation nicht übertragbar, da jeder nach seinen eigenen Verarbeitungsregeln übersetzt. Wer also ist dafür verantwortlich, dass Sie sich informiert fühlen?

Ein Beispiel: Jemand stellt Ihnen alle Zutaten für einen köstlichen Käsekuchen zur Verfügung, damit Sie ihn backen können. Doch dieser schmeckt scheußlich oder fällt in sich zusammen, als Sie ihn aus dem Ofen holen. Wer trägt die Schuld am Misserfolg? Der Rezeptgeber oder der Bäcker?

„*Die Welt enthält keine Information,* die Welt ist, *wie sie ist.* […] Es ist die Operation, die in einem Menschen vorgeht, die ein Signal in eine Information transformiert", so sagt es Heinz von Foerster zu Bernhard Pörksen (2013, S. 98)

▶ Wenn es nun an Ihrem eigenen Denkmuster liegt, wie Sie Information transformieren, sind es dann nicht schlussendlich Sie, der sicherstellen muss, dass er informiert worden ist?

Doch wie ist das anzustellen, woran können Sie feststellen, dass Sie informiert – besser noch – richtig und ausreichend informiert sind?

Beschreibungen des Unbeschreibbaren

Wer über Kommunikation nachdenkt, kommt am Begriff der Information nicht vorbei. Wie würden Sie das Wort „Information" definieren, wenn ich Sie bitten würde, das zu tun? Dass Information das ist, was zwei Menschen während des Kommunikationsaktes austauschen? Dass Information über einen bestimmten Sachverhalt Auskunft gibt? Dass Information informiert, indem sie andere über etwas in Kenntnis setzt? Dass Information Wissen überträgt?

Es gibt keine eindeutige Definition des Begriffs Information. Und da es keine eindeutigen Abgrenzungen gibt, wird der Begriff in den wissenschaftlichen Disziplinen und im allgemeinen Sprachgebrauch unterschiedlich verwendet.

Je nachdem, mit wem Sie sich austauschen, variieren die Beschreibungen darüber, was Information „ist". So gibt es demnach Aussagen darüber …

a. … welchen Bedarf Information deckt (z. B. Neuigkeiten austauschen).
b. … welche Vermittlungsprozesse zu beobachten sind (z. B. von „Sender" zu „Empfänger").
c. … welche Wissensveränderung Information produziert (z. B. Vorher-nachher-Wissen).
d. … welche Handlungsimpulse Information auslöst (z. B. an einer roten Ampel halten).
e. … wie situationsspezifisch Information sein kann (z. B. Schilder mit Informationen in öffentlichen Einrichtungen).

Diese Heterogenität, also die Verschiedenartigkeit, ist nicht überraschend. Denn wie soll etwas beschrieben werden, das so unterschiedlich beschreibbar ist, so viele Deutungen zulässt?

Was die jeweilige Information ist, ist Ihr subjektives Empfinden. Es ist Ihr geistiges Produkt, und es ist unmöglich, es anderen exakt zu beschreiben.

Der Philosoph Thomas Nagel beschreibt in seinem Buch „Was bedeutet das alles?" hierzu ein etwas eigenwilliges, aber plausibles Experiment anhand der Verköstigung von Schokolade:

> „Würde ein Wissenschaftler unsere Schädeldecke entfernen und in unser Gehirn hineinsehen, während wir den Schokoladenriegel essen, so würde er nichts weiter sehen, als eine graue Masse von Nervenzellen. […] Fände er jedoch den Geschmack von Schokolade?`

Es sieht so aus, als könnte er ihn in unserem Gehirn nicht finden, da unsere Empfindung des Geschmacks von Schokolade in unserem Geist auf eine Weise eingeschlossen ist, die sie für jeden anderen unzugänglich macht – auch wenn er unseren Schädel öffnet und in unser Gehirn hineinblickt. [...]
Angenommen, ein Wissenschaftler wäre verrückt genug, den Versuch zu wagen, meine Empfindung des Geschmacks von Schokolade zu beobachten, indem er an meinem Gehirn *leckte*, während ich von einem Schokoladenriegel koste. Zunächst einmal würde mein Gehirn für ihn vermutlich nicht nach Schokolade schmecken. Doch selbst wenn dies der Fall wäre, es wäre ihm nicht gelungen, in mein Bewusstsein einzudringen und *meine* Empfindung des Geschmacks von Schokolade zu beobachten [...] Er hätte seinen Geschmack von Schokolade und ich den meinen." (1990, 2012, S. 33 f.)

Genauso, wie der andere niemals verstehen kann, wie es sich *für Sie* anfühlt, ein Stück *gute* Schokolade zu kosten oder ein Buch langweilig zu finden, wird er nicht wissen, was Information für Sie ist!

Selbstverständlich haben Sie genügend Verben, um Ihr Gefühl zu beschreiben. Der andere jedoch – und das ist der springende Punkt – wird nie wissen, wie es sich *für Sie anfühlt, informiert zu sein.* Sie haben Ihr und der andere nur sein Gefühl!

▶   Information ist wie der Geschmack von Schokolade.

   Ich befürchte, das große Missverständnis im Umgang mit dem Begriff der Information liegt darin, zu glauben, Information sei etwas objektiv Beschreibbares, womöglich Sichtbares, etwas, mit dem man umgehen kann wie mit konkreten Material.

Von Information als „Ding" zu sprechen, mag als mathematischer Begriff in der Informatik noch passend erscheinen (Ding = Daten). Aber in der zwischenmenschlichen Kommunikation kann „Information" nicht als Sache ausgetauscht werden und sollte auch nicht so behandelt werden.

▶   Was Information ist, ist weder greifbar noch beschreibbar.

   Was Information ist, ist von außen weder zu definieren noch einem anderen aufzuoktroyieren.

   Information *passiert* als mentaler Akt.

   Jedes Individuum empfindet Information auf seine eigene subjektive Art und Weise.

Wenn es für uns selbst schon unmöglich ist, zu beschreiben, was Information ist, dann steht es außer Frage, dass wir dies niemals für unseren Gesprächspartner sagen können. Noch weniger können wir davon überzeugt sein, diesen mit den für ihn nötigen Informationen versorgt zu haben.

Wenn Sie nun die Aussage meines Klienten vom Beginn des Kapitels noch einmal lesen:

„Ich habe ihm wirklich alle Informationen gegeben, die er gebraucht hat, um das Projekt zu einem ordentlichen Ende zu bringen. Und das nicht nur einmal, sondern mehrfach. Und jedes Mal liefert er nicht das ab, was ich ihm aufgetragen hatte. Mir reicht es langsam, aber sicher!"

Welcher Unterschied ergibt sich nach diesen Betrachtungen nun für Sie?

2.5.2 Information passiert als Wahrnehmung von Unterschieden

Wenn Sie einem anderen nicht das Gefühl geben können, „informiert zu sein", wie lässt sich dann in einem Kommunikationsprozess feststellen, ob wir tatsächlich informiert haben oder informiert worden sind? Läuft das alles nur nach Willkür, Glück und Zufall ab?

Statt nach einer Definition von Information zu suchen, gibt es die Möglichkeit, sich des Themas zu nähern, indem wir die Wirkung hinterfragen, die sich im Denkmuster einstellt, wenn Information passiert.

Im Buch „Die Ökologie des Geistes" des Anthropologen Gregory Bateson (1990), S. 580, 582, 618, 642, 643 beschäftigt sich dieser im Kapitel „Form, Substanz und Differenz" (ab Seite 576) mit der Frage, wie Information wirkt und wie sie als Effekt oder Einfluss im Menschen wahrgenommen wird.

Natürlich käme Bateson nicht auf die Idee zu definieren, was Information ist, da ihm als Anthropologen bewusst war: Was Information tatsächlich ist, wird subjektiv entschieden.

▶   Bateson beschreibt Information vielmehr als eine nicht physikalische Größe, deren Maßeinheit der „Unterschied" ist. Das heißt, in welcher Art und Weise und ob überhaupt ein Unterschied im eigenen Denkmuster wahrgenommen wird, macht für Bateson die Einheit von Information aus:

     „Was wir tatsächlich mit Information meinen – die elementare Informationseinheit –, ist *ein Unterschied, der einen Unterschied ausmacht* […]." (1990, S. 582)

> *Anmerkung*: Ich muss gestehen, dass mir Bateson's Originalzitat
> beim Ersten lesen als sehr verkopft und abgehoben vorkam. Viel-
> leicht geht es Ihnen ähnlich? Auf den nächsten Seiten versuche ich
> daher, dieses etwas verständlicher auszudrücken aber mir war
> wichtig, dass Sie wissen, anhand welcher Originalaussage ich mich
> zum Thema Information „abarbeite".

Aus erkenntnistheoretischer Sicht ist Bateson demnach der Meinung, dass Wirkungen, die in unserem Geist stattfinden, durch Unterschiede hervorgerufen werden. Kein Unterschied. Keine Wirkung. Keine Information.

▶ **Unterschiede**   Doch welcher Art sind diese Unterschiede? Und was genau meint Bateson, wenn er von Unterschieden spricht? Er beschreibt es folgendermaßen:

> „Ein Unterschied ist ein sehr spezieller und dunkler Begriff". Ganz sicher ist er kein Ding oder Ereignis. [...]. Ein Unterschied ist eine Idee [...].

Woher kommen unsere Unterschiede und zu was genau unterscheiden wir? Bateson erklärt das folgendermaßen:

> „Bei einem einfachen Lernexperiment (oder irgendeiner anderen Erfahrung) erlangt [...] ein menschliches Lebewesen eine unermessliche Vielzahl an Informationen. Er lernt etwas über den Geruch des Laboratoriums; er lernt etwas über die Verhaltensmuster des Experimentators; er lent etwas über seine eigene Lernfähigkeit und darüber, wie man sich fühlt, wenn man „recht" oder „unrecht" hat; er lernt, daß es in der Welt „richtig" und „falsch" gibt. Und so weiter.

> Wird er nun einem anderen Lernexperiment (oder einer anderen Erfahrung) ausgesetzt, so wir der einige neue Informationseinheiten erhalten: einige Punkte des ersten Experiments werden wiederholt oder bestätigt; einige werden widerlegt.

> Mit einem Wort: einige der in der ersten Erfahrung gewonnenen Ideen werden die zweite *überleben* [...].Ideen, die eine wiederholte Verwendung überleben, werden tatsächlich auf eine besondere Weise behandelt [...] Das Phänomen der *Gewohnheitsbildung* sortiert die Ideen aus, die eine wiederholte Anwendung überleben, und ordnet sie unter eine mehr oder weniger separate Kategorie." (1990, S. 580 ff.)

Mit diesem Prozess des Aussortierens, so Bateson weiter, verschwindet diese Idee vom Radar der kritischen Kontrolle. Sie wird als das hingenommen, was „ist". Sie wird das Denken und somit das Kommunizieren der Menschen auf entscheidende Weise beeinflussen, vor allem dahin gehend, dass diese Ideen nach einer gewissen Zeit als wahr und stimmig angenommen werden, obwohl sie es nicht sind.

Sie haben diese Ideen so oft gedacht, verwendet, für gut befunden, dass Sie nicht mehr das Bedürfnis haben, diese „aus der Versenkung" zu holen oder gedanklich kritisch zu prüfen.

Ein Beispiel für dieses „Aussortieren" finden Sie in dem vorangegangenen beispielhaften Dialog mit dem Klienten. Er hat sich angewöhnt, seine Ideen (seine Vorstellungen, seine Annahmen) von „aktivem Zuhören" als unwichtig abzutun.

Wenn mein Klient mich also die Worte „aktives Zuhören" aussprechen hörte, passierte in seinem Kopf nichts, was ihn hätte aufmerksam werden lassen. Ganz nach dem Motto „ja, ja, ich weiß schon! Aktives Zuhören ist wichtig, ist nötig, blablabla …" Dieses „nicht aufmerksam werden" ist gleichzusetzen mit „keinen Unterschied machen": Im Denken bleibt alles beim Alten.

Das war auch der Grund, warum es mein Klient nicht für nötig hielt, über die Worte „aktives Zuhören" überhaupt noch mal nachzudenken, oder diese für sich noch mal kritisch zu prüfen, um sich zu selbst zu fragen, was er in Bezug darauf verändern könnte. Im Gegenteil! Er schmettert meine Worte ab:

Klient: „Sie kommen mir jetzt aber nicht mit der Floskel, dass Kommunikation funktionieren kann, wenn man zuhört. Das ist mir viel zu einseitig! Und eins können Sie mir glauben: Wäre es wirklich so einfach, ich würde es tun."

Ich betone es an dieser Stelle noch mal, so wie ich es schon im Beispieldialog betont habe: Ich würde niemals behaupten, dass Zuhören einfach ist!

Ein Großteil meines Berufes besteht aus Zuhören und ich finde es wahnsinnig anstrengend. Nicht um der Themen willen, sondern um den physischen und psychischen Prozess dahinter. Denn mit dem Wissen, das Information nicht übertragbar ist und dass das, was mein Kunde sagt, nicht als das von mir verarbeitet wird, was dieser tatsächlich damit meint, braucht der Dialog mit meinem Kunden meine höchste Konzentration und Selbstdisziplin.

▶   Die Kernfrage, um die sich für mich in meinem Coachings nahezu
      alles dreht, lautet: Welche Frage oder welcher Aussage könnte jetzt
      einen Unterschied im Denken meines Klienten machen?

Wer nicht fragt, bleibt dumm
Meinen Klienten wird während des Coachingprozesses nach und nach bewusst, dass es oft gerade die gewohnheitsbildenden Ideen und Vorstellungen der Kollegen sind, die die kommunikativen Missverständnisse hervorbringen.

Wie oft formulieren meine Kunden, dass sie die „Diskussionen über Grundsätze" leid sind, dass „nichts vorangeht" oder „keiner mal flexibel denkt".

Natürlich ist es leichter, da Unterschiede im Denken hervorzurufen, wo sich das Denkmuster des Gegenübers noch nicht starr und gewohnheitsbildend eingerichtet hat.

Denn wir alle setzen uns lieber mit einem Gesprächspartner auseinander, bei dem zu spüren ist, dass er sich selbst Raum im Denken und in der Meinungsbildung lässt; Es fällt uns leichter, bei diesen Menschen mit neuen Ideen vorzusprechen oder Anmerkungen zu machen, da es scheint, dass der andere einem mit Neugier und Interesse, statt mit Abwehr begegnet. Man hat bei diesem Menschen oftmals das Gefühl, man führt wirklich einen ergebnisoffenen Dialog und beide Gesprächspartner können sehr gut damit umgehen.

Es gibt aber eben auch genügend Mitarbeiter, die sich über viele Jahre mit ihrem Denken und Ansichten eingerichtet haben. Die Gewohnheiten lieben und „alte Unternehmenswelten" am Leben halten, weil sie unter Anderem der Meinung sind, dass „früher eben doch alles besser war".

Wie also kann man Kollegen, „die dieses schon immer so und jenes schon immer so gemacht, gesagt oder gelernt haben", dazu bringen, „Ihre Denk- und Verhaltensmuster zu ändern, ja wenigstens zu überdenken?"

Solche Gespräche müssen gut vorbereitet werden. Wenn Sie bewirken möchten, dass Ihr Gegenüber von seinem eingefahrenen Denkmuster ablässt, empfiehlt es sich, das Gespräch aus der Sicht des Gegenübers vorzubereiten. Die lieb gewonnenen Ideen des anderen sollten antizipiert werden und es gilt, sich zu überlegen, mit welchen Fragen, Worten oder Beispielen ein Unterschied zum bisherigen Denken des Gegenübers gemacht werden kann?(Hierzu mehr im Praxis Abschn. 2.6).

Fragen Sie sich, wie Sie auf jemanden wirken könnten, dessen gewohnheitsbildende und beständige Ideen den Großteil seines Denkmusters ausmachen?

„Typisch Verwaltung!?"
Ich erinnere mich an die Zusammenarbeit mit einem meiner Kunden aus einer öffentlichen Verwaltung. Das eingeübte Denkmuster und die Überzeugungen im Haus waren geprägt von der Annahme, dass Prozesse und Inhalte „typisch Verwaltung" oder „typisch Amt" wären: lange Entscheidungswege? Typisch Verwaltung! Starre Hierarchien? Typisch Verwaltung! Veränderungsresistente Mitarbeiter? Typisch Verwaltung!

In meiner Arbeit ging es darum, dieses Denkmuster zu verändern. Etwas zu finden, dass einen Unterschied zu dem machte, wie meine Kunden bisher über ihr Unternehmen nachdachten.

Ich stellte meinen Kunden die Fragen, woran sie ihre Überzeugungen festmachten: „Woher wissen Sie, dass ihre genannten Beispiele typisch für eine Verwaltung sind? Wer sagt ihnen, dass es in der freien Wirtschaft nicht genau so zugeht?"

Danach bat ich meine Kunden um Beispiele für Prozesse, die sie als „typisch Verwaltung" abtaten, und nannte zu jedem der vorgebrachten Beispiele ein „Gegenbeispiel" aus der Wirtschaft. Lange Entscheidungswege? Kenne ich aus Konzernen zuhauf! Starre Hierarchien? Schon mal einen familiengeführten Mittelständler besucht? Veränderungsresistente Mitarbeiter gibt es nur in der Verwaltung? Ich bitte Sie!

Nicht ein Aufreger meiner Klienten über Prozesse, Menschen, oder Veränderungen war am Ende noch „typisch Verwaltung", sondern wurde zu „typisch Arbeitswelt".

Meine Kunden sagten mir, dass sie das vorher so noch nicht gesehen haben. Der Vergleich mit der freien Wirtschaft hat einen Unterschied für sie gemacht. Information ist geflossen und hat ihr denken verändert. Mehr kann ich nicht erwarten.

Das eigene Verstehen verstehen
Meine Kunden fragen mich oft: „Frau Götze, wie bringe ich andere dazu, mich zu verstehen?" Eine wichtige Frage, die ich jedoch gerne mit einer Gegenfrage beantworte: „Wie bringen Sie sich dazu, andere zu verstehen?"

Das eigene Verstehen verstehen (im Sinne vom Wissen, wie Aussagen gehört und interpretiert werden), ist der einzige Bereich, den meine Klienten selbst beeinflussen können. Den anderen zum Verstehen oder sonst irgendwas bringen zu wollen (ich denke, dass haben Sie bereits durch diese Lektüre verstanden) ist nahezu aussichtslos.

Im Coachingprozess nehmen wir uns für die Antwort auf die Frage: „Wie bringe ich mich dazu, andere zu verstehen?" viel Zeit und meist beginne ich den Arbeitsprozess mit dem wichtigen Satz von Heinz von Foerster, den ich Ihnen im nächsten Kapitel vorstelle:

2.5.3 Information informiert nicht unbedingt!

„Der Hörer, nicht der Sprecher bestimmt den Inhalt einer Botschaft." (von Foerster 2013, S. 100)

Diesen eindrucksvollen Satz habe ich das erste Mal in dem hier schon oft zitierten Buch „Wahrheit ist die Erfindung eines Lügners" von Heinz von Foerster und Bernhard Pörksen gelesen. Auf Seite 100 erklärt Foerster seine Theorie des Verstehens folgendermaßen:

> „Gewöhnlich glaubt man, dass der Sprecher festlegt, was ein Satz bedeutet, und der Hörer verstehen muss, was der Sprecher gesagt hat. Aber das ist ein fundamentaler Irrtum. Der Hörer ist es, der die merkwürdigen Laute, die ich oder ein anderer mit Hilfe der eigenen Stimmlippen hervorrufen, interpretiert und ihnen einen bzw. seinen Sinn gibt." (2013, S. 100)

Von allen theoretischen Erklärungen zum Thema Kommunikation ist dieser Satz von Foersters derjenige, der bei meinen Klienten wohl den größten Unterschied ausmacht. Man kann meinen Kunden förmlich beim Denken zusehen, wenn ich diesen Satz zitiere. Und die meisten von ihnen erkennen, welche Tragweite diese Aussage auch für ihr eigenes Verhalten hat.

Nur ein paar ganz wenige Klienten fühlten sich sogleich in ihrer Sicht auf die Welt und den Kollegen bestätigt: „Dachte ich es mir doch! Dann ist ja wohl eindeutig, dass der andere mich absichtlich falsch versteht. Denn er entscheidet ja, was er von mir hört!"

Selbstverständlich kann es im Berufsleben immer mal vorkommen, dass ein Kollege Sie absichtlich missversteht. Grundsätzlich aber hegen Kollegen untereinander keineswegs diesen Vorsatz. Persönlich bin ich immer noch der Überzeugung, dass berufstätige Menschen mehr Wert auf ein gemeinsames Miteinander als auf ein einsames Gegeneinander legen.

Das Gros meiner Kunden konnte sich recht schnell vorstellen, welche Konsequenzen für die eigene Kommunikation von Foersters Satz zukünftig haben würde:

▶ Es geht nicht mehr nur darum, was mein Gegenüber aus seiner Botschaft macht. Es ist mindestens genauso wichtig, was ich selbst mit der Botschaft des Gegenübers anstelle.

Interpretation von Aussagen: beobachten, bewerten, erklären
Die Frage, die sich hier anschließt, lautet: Wie trifft der Hörer Unterscheidungen, die für ihn einen Unterschied machen?

Die Unterschiede (Ideen), die als Gewohnheiten seit Jahr und Tag im eigenen Denkmuster produziert werden, unterliegen nicht dem bewussten Zugriff. Sie finden vielmehr automatisch und unterbewusst statt, und zwar durch den Akt der Unterscheidung.

Jeder von uns unterscheidet seine eigene Welt mit seiner Sprache, und sehr schnell werden diese Beschreibungen zu Bewertungen und diese Bewertungen zu Erklärungen:

Stellen Sie sich vor, Sie sind Beobachter dieser Welt. Das, was Sie in der Welt sehen, teilen Sie (um sich schnell zurechtzufinden) in unzählige Unterscheidungsakten ein, in „das eine und das andere".

Dabei treffen Sie Ihre Einteilungen anhand des Kontextes, in dem Sie sich befinden, und versehen diese Einteilung mit einer sprachlichen Bezeichnung:

Freund hier, im Kontext des Freundeskreises. Und Kollege da, eben im unternehmerischen Kontext.

Doch ist es mit diesem *Sortierungsfilter* „hier und da" nicht getan.

Ein ganz maßgeblicher Schritt kommt noch hinzu: Als Hörer sortieren Sie nicht nur, Sie bewerten (im Sinne von „Wert zuschreiben") auch: Und so bekommt ein Freund einen „höheren" Wert, als nur der Bekannte. Einen Kollegen bewerten Sie anders als Ihren Chef.

Sie räumen A einen anderen Stellenwert ein als B. Jedem geben Sie seine eigene Position in Ihrer Hierarchie. Und meist bewerten Sie das eine besser oder wichtiger als das andere.

▷   Ihr Unterscheidungsakt ist also ein Filterprozess: von beschreiben (erkennen) zu bewerten und schließlich zu erklären.

Der Hörer bestimmt also den Inhalt einer Botschaft aufgrund von andauernden Beobachtungen, Bewertungen und Erklärungen. Eine Unterscheidung auf einer Ebene hat eine Unterscheidung auf allen Ebenen zur Folge.

Wenn meine Kunden mir also im Umgang mit einer bestimmten Person in ihrem Unternehmen von kommunikativen Problemen erzählen, interessieren mich die Unterscheidungsparameter meines Kunden ebenso wie dessen Bewertungen und Erklärungen.

So arbeite ich mit einem Kunden zum Beispiel an seiner Zuschreibung eines „wütenden" Chefs, den ein Kollege nur als „überzeugend" beschreiben würde. Oder wir arbeiten an der Bewertung eines Kollegen als „Korinthenkacker", den andere wiederum eher als „korrekt" beschreiben würden.

All diese Erklärungen haben einen direkten Einfluss darauf, wie mein Kunde die Inhalte einer Botschaft bewertet und „bestimmt", ganz egal, ob die Aussage vom Chef oder vom Kunden kommt. Und mein Kunde tut gut daran, sich diese Einflüsse bewusst zu machen, um sie zu verändern, falls es die Situation verlangt:

Praxisbeispiel: Unreflektierte Kommunikation – eine Endlosschleife
In einem Termin erzählt mir mein Kunde von seinem *unfähigen* Chef und den damit verbundenen Problemen in der Kommunikation mit ebendiesem:

Coach: „Sie sagten mir gerade, Ihr Chef sei unfähig. Im Unterschied zu wem oder was ist er in Ihren Augen *unfähig*? Unfähig im Unterschied zu …?"

Klient: „Naja … zu fähig natürlich."

Coach: „Würden Sie mir kurz erklären, warum Sie diese Unterscheidung und Bewertung getroffen haben? Sie hätten doch ganz anders unterscheiden können. Zum Beispiel „fair oder unfair", „klug oder unklug". Warum unterscheiden Sie nach „fähig oder unfähig?"

Klient: „Keine Ahnung, woher das kommt! Das passt eben am besten zu dem … das zeigt sich anhand der unmöglichen Entscheidungen, die der trifft, wie er Anweisungen gibt oder an Themen herangeht … da kann man nur auf Unfähigkeit schließen."

Coach: „Bitte schildern Sie mir doch etwas genauer: Was meinen Sie, welchen Einfluss hat Ihre Bewertung seiner Unfähigkeit auf das, was Sie aus den persönlichen Gesprächen mit ihm mitnehmen?"

Klient: „Naja, ich höre bei ihm natürlich mehr als zweimal hin. Ich habe gelernt, genau darauf achten, was er so von einem will! Am Ende mach ich nämlich alles doppelt, nur weil er unfähig ist, sich richtig auszudrücken …"

Coach: „Woran machen Sie denn dann schlussendlich fest, was Ihr Chef in diesem Gespräch tatsächlich von Ihnen wollte?"

Klient: „Das ist doch der Punkt! Das kann man nie wissen, bei ihm. Der ist einfach unfähig zu sagen, was er will oder es so zu sagen, dass die Menschen ihn verstehen. Ich nehme dann ein paar Dinge mit und mache es am Ende sowieso so, wie ich es mir denke."

Coach: „Und was wäre, wenn Ihrem Chef nicht gefällt, was Sie tun?"

Klient: „Na, das wäre ja noch schöner! Dann soll der doch erst mal lernen, sich klar auszudrücken …"

Diese Art von Gespräche neigen dazu, in einer Endlosschleife zu enden. Und damit meine ich nicht nur das Gespräch zwischen mir und meinem Klienten. Natürlich auch die Gespräche in den Unternehmen, in denen sich diese Art von „Der-ist-schuld-Pingpong" über Monate, wenn nicht Jahre, abspielt.

Zum einen möchte ich Ihnen mit diesem Beispiel zeigen, dass die Eigenschaften, die Sie einer Person zuschreiben, Unterscheidungen und Bewertungen aus Ihrem Denkmuster sind. Es sind Unterscheidungen und Bewertungen, die nicht nur einen großen Einfluss auf das haben werden, was Sie in der Rolle des Hörers von dieser Person wahrnehmen. Es wird auch ganz maßgeblich die Art und Weise beeinflussen, wie Sie sich der Person gegenüber verhalten. Und das wiederum beeinflusst auch diese Person.

▶ Ihre Unterscheidungen und Bewertungen sind nicht das, was die Person ausmacht. Es ist das, was Sie von dieser Person beobachten. Und das sagt schlussendlich mehr über Sie selbst aus, als über die Person.

Im vorangegangenen Beispiel mit meinem Klienten hat sich dieser für die Bewertung „unfähig" entschieden und damit alle weiteren Parameter für sein Hörverständnis, seine Kommunikation und seine Handlung gesetzt.

Sie können nicht umhin, Unterscheidungen zu treffen und zu bewerten! Doch sollten Sie sich davor hüten, diese Bewertungen für ewig in Stein zu meißeln. Achten Sie darauf, in Ihren Bewertungen und Erklärungen flexibel und offen zu bleiben.

Machen Sie sich immer wieder bewusst, dass Sie Situationen mit Ihrer „Lieblingsbrille" betrachten. Und fragen Sie sich: Wie hätte ich die Situation noch betrachten können? Wenn Ihnen dies nicht alleine gelingt, bitten Sie eine Person Ihres Vertrauens, die nichts mit Ihrer Situation zu tun hat, um eine neue Einschätzung.

In der Einführung neuer Unterscheidungen oder Bewertungen braucht es Unterschiede, die einen Unterschied ausmachen. Fragen Sie sich: Welche Unterscheidung könnte ich noch treffen? Was gibt es an dem Kollegen, der Ihrer Meinung nach nur „Arbeit nach Vorschrift" macht, noch zu beobachten?

Nehmen Sie ein neues Bewertungskriterium (etwa „verlässlich" oder „loyal") in Ihr Beurteilungsregister auf, sodass Sie das eigene Verhalten und die eigene Kommunikation im Umgang mit diesem Kollegen verändern können.

▶ Wenn der Hörer, nicht der Sprecher den Inhalt einer Botschaft bestimmt, bedeutet es für Sie als Sprecher: dass Sie die Verantwortung für das tragen, was Sie sagen. Und für Sie als Hörer: dass Sie die Verantwortung für das tragen, was Sie hören. Nicht mehr -, aber leider auch nicht weniger!

2.6   Aus der Praxis: Mit Demut in den Dialog

2.6.1   Keine Zeit für Effizienz

Wenn ich mit Klienten an ihrem Verhalten und Auftreten als Führungskraft arbeite, gibt es am Thema „Kommunikation" kein Vorbeikommen. Wie schon beschrieben, mag es nicht das primär definierte Ziel meines Klienten sein, an der eigenen Kommunikation zu arbeiten. Aber den meisten ist klar, dass ihr Problem „irgendetwas" mit Kommunikation zu tun hat, und so ist keiner wirklich überrascht, wenn ich auf das Thema näher eingehen möchte.

Wenn meine Kunden mir ein Problem schildern, beschreiben sie mir dieses Problem nur allzu oft am Beispiel einer Unterhaltung, durch die dieser Konflikt entstanden ist. Als die unterschiedlichen Beobachtungen und Erklärungen der beiden Gesprächspartner offensichtlich wurden, trat der Konflikt zwischen beiden zutage. In der Kommunikation war das der Moment, als sich beide weigerten, die Erklärung des jeweils anderen zu akzeptieren. Selbstverständlich gibt es etliche Konflikte, die nicht kommuniziert werden, sich vielmehr unterschwellig und subtil im Verhalten der Beteiligten bemerkbar machen. Diese lassen wir hier aber für den Moment außer Acht.

Um das Denkmuster meines Klienten zu verstehen, möchte ich zunächst mehr über ihn wissen, um seine Sprache zu verstehen: Welche Begriffe und Beschreibungen nutzt er, welche Art der Kommunikation bevorzugt er, welche Unterschiede macht er, welche Kommunikationsmodelle legt er wissend oder unwissend zugrunde usw.

Im Anschluss möchte ich dann wissen, wie mein Klient sich auf diesen geschilderten Gesprächstermin vorbereitet hat: Welches Ziel verfolgte mein Klient mit dem Gespräch? Wie konnte er wissen, welches Ziel sein Gesprächspartner verfolgt? Welche Kernaussagen hat mein Klient vorbereitet und durchdacht? Welche Eingangssätze hat er gewählt?

Meist führen diese Fragen schon dazu, dass meine Kunden überrascht sind, da sie bis dato keine Notwendigkeit sahen, sich auf alltägliche Gespräche in Büroumgebungen so eindringlich vorzubereiten.

Mehr als eine vage Ahnung davon, in welche „Richtung" das Gespräch mit Chef, Kollege oder Team gehen soll, haben meine Kunden oft nicht. „Warum auch?", fragte mich neulich ein Klient. „Ich bin ja nun wirklich nicht mit dem Ziel in das Gespräch gegangen, Zoff anzufangen. Aber wenn XY sich dazu entschließt, mir so in die Parade zu fahren … von meiner Seite war vor dem Gespräch alles klar!"

▶   Ich verstehe diese Sicht meines Kunden. Trotzdem mache ich ihn
    darauf aufmerksam, dass dieses Verhalten ein sehr argloser Um-
    gang mit den Herausforderungen der Kommunikation ist. Dabei
    geht es mir gar nicht primär um das Thema Konfliktvermeidung.
    Sich auf ein berufliches Gespräch nicht vorzubereiten, ist niemals
    eine gute Entscheidung. Weder in Bezug auf Konfliktvermeidung
    noch in Bezug auf Effizienz.

„Dafür fehlt mir einfach die Zeit" – das ist wohl das Hauptargument meiner Kunden, wenn ich sie frage, warum Sie sich auf Geschäftstermine nicht angemessen vorbereiten. Außerdem lehrt ihre Erfahrung sie, dass eine detaillierte Vorbereitung auf Gespräche nicht nötig ist. Denn größtenteils gehen die beruflichen Termine meiner Kunden „gut aus": keine Konflikte, keine Unklarheiten und sogar mit einer Entscheidung über das, was getan werden soll.

Die wenigen Gespräche, die nicht gut verlaufen, die konfliktträchtig sind, bei denen „nur Belangloses geplappert" oder keine Entscheidung getroffen wird, sind dann oftmals die Gespräche, bei denen meine Kunden den Fehler weder in der eigenen Vorbereitung noch in der eigenen Kommunikation sehen. Das sind die Gespräche, bei denen „der Müller mal wieder überhaupt nicht vorbereitet war" oder der „Meier einfach nicht zum Punkt kam":

Ich versuche, meinen Klienten dann behutsam zu vermitteln, dass auch sie wie „der Müller" und „der Meier" sind. Auch sie hatten ihren Anteil daran, dass dieses Gespräch nicht gut verlief. Auch sie sind dafür verantwortlich, dass nichts entschieden worden ist.

Es mag sein, dass es Gesprächstermine oder Meetings gibt, auf die man sich *nicht* vorbereiten muss. Meine Kunden meinen, dass Routinetermine wie der wöchentliche Jour fixe hierzu gehören. Ich hingegen finde es höchst interessant, dass es zumeist die Routinetermine sind, die zu Konflikten führen oder hochgradig ineffizient enden .

▶   Termine, die nicht vorbereitet werden müssen, sind meines Erachtens nur die Termine, die in die Kategorie „Pflege des kollegialen Miteinanders" fallen und in welchen Sie kein Ergebnis produzieren müssen.

Nur die Gesprächstermine, die in Ihrem Kalender mit „Lunch Date" gekennzeichnet sind, brauchen womöglich *keine* Vor- und Nachbereitung (hierzu mehr im Abschn. 3.2).

Wie beschrieben, kommen meine Kunden meist erst dann zu mir, wenn ein Gespräch mit dem Vorgesetzten oder dem Kollegen richtig „gegen die Wand gefahren ist." Dabei kann „gegen die Wand fahren" alles bedeuten. Nicht selten treffe ich Führungskräfte, deren Gespräch so miserabel verlief, dass die Beteiligten sich gegenseitig Drohungen an den Kopf warfen.

Selbstverständlich lässt sich in der Retrospektive nicht mit Sicherheit sagen, dass eine solche Eskalation hätte vermieden werden können, wenn sich beide Seiten auf das Gespräch vorbereitet hätten. Die Aussage jedoch, dass mein Klient das Gespräch nicht oder kaum vorbereitet hat, lässt zumindest den Schluss zu, dass er den wichtigen Faktor der Antizipation außer Acht gelassen hat. Und gerade das führt oftmals zum Konflikt.

Denn während es naiv ist, sich das eigene Ziel des Gesprächs nicht bewusst zu machen, ist es nahezu fahrlässig, die möglichen Ziele und Zwecke des Gesprächspartners unbedacht zu lassen. Diese kurze Denkschleife „Was mag ihm wichtig sein und was kann ich tun, um meinerseits dazu beizutragen, dass er dieses Ziel erreicht?" kann den entscheidenden Unterschied ausmachen – für die Effizienz des Gesprächs und für den weiteren Verlauf der zwischenmenschlichen Zusammenarbeit.

▶   Mit der Einsicht, dass jeder Mensch sein eigenes Denkmuster produziert und auf dieser Grundlage kommuniziert, ist die Entscheidung, sich *nicht* auf Gespräche vorzubereiten, wie das Fahren ohne Gurt: Es kann lange gut gehen. Die erste Fahrt gegen die Wand ist jedoch sehr schmerzhaft, wenn nicht sogar tödlich.

Rollenspiele: Trockenübungen des Grauens
Um meine Kunden für das Thema Kommunikation zu sensibilisieren, entscheide ich mich häufig für Rollenspiele.

Ja, Sie haben richtig gelesen, Rollenspiele! Ich wähle den Begriff sehr bewusst, denn sobald ich das Wort in den Mund nehme, läuft es 90 Prozent meiner Kunden kalt den Rücken herunter.

„Bitte nicht!", ist häufig die erste Reaktion, die mir entgegenschlägt, wenn ich meine Klienten frage, ob Sie bereit wären, sich auf ein Rollenspiel mit mir einzulassen. Ihre ausgeprägten Abneigungen gegen Rollenspiele erläutern mir meine Kunden nur allzu gern: „Kinderkram", „aufgesetzt", „Schauspiel", „nicht authentisch", „gezwungen" … an Zuschreibungen fehlt es nicht.

„Das ist mir zu peinlich", höre ich hingegen sehr selten. Und doch, so meine Vermutung, ist der eigentliche Grund für die Ablehnung das Risiko, im Rollenspiel ein vermeintlich „unpassendes Verhalten" an den Tag zu legen, wovon keiner Zeuge werden soll.

Für den leichteren Einstieg in ein Rollenspiel ziehe ich es daher vor, meinen Kunden in die Rolle seines Gegenübers schlüpfen zu lassen. „Sind Sie doch bitte Ihr Kollege und ich bin Sie", schlage ich dann vor. Dieser Zugang fällt meinen Kunden um einiges leichter, da sie sich schon so oft über den Kollegen oder Chef aufgeregt haben, dass sie ihn meist sehr überzeugend nachahmen können.

Ziel des Rollenspiels ist es, meinen Kunden in die Lage des anderen zu versetzen. Denn während er in der Rolle des Kollegen dessen unmögliches Verhalten erneut zum Ausdruck bringen kann, habe ich die Möglichkeit, in der Rolle des Kunden neu darauf zu reagieren.

Mein Kunde beobachtet ein neues Verhaltensmuster an mir. Eine Reaktion, die (unter vielen) eine mögliche Alternative ist. So bekommt er einen Eindruck davon, wie er reagieren könnte, um das Gespräch in eine neue Richtung zu lenken.

Für alle folgenden Fallbeispiele habe ich daher das Rollenspiel gewählt, um aufzuzeigen, wie ich mit dem Kunden zwischen den möglichen Rollen hin und her springe.

2.6.2 Fallbeispiel zu der Theorie „Der Hörer, nicht der Sprecher bestimmt den Inhalt einer Botschaft."

Praxisbeispiel: „Spontane" Missverständnisse

Annegret Küster ist seit gut vier Monaten für das operative Geschäft eines globalen mittelständischen Unternehmens des Pharmabereichs verantwortlich. Frau Küster verantwortet in dieser Rolle unter anderem das Team „Marketing", das aus sechs Personen besteht. Franziska Zwerike arbeitet seit über 15 Jahren in diesem Team und ist als Sachbearbeiterin und Teamsekretärin die „gute Seele" der Mannschaft.

Aktuell arbeitet Frau Zwerike auch als Assistenz für Frau Küster, da diese momentan noch keine eigene Assistenz hat. Dies wurde bei der Einstellung so mit allen Verantwortlichen besprochen und auch Frau Zwerike hat darin eingewilligt.

Frau Zwerike wurde seinerzeit vom Geschäftsführer Herrn Hilgers selbst eingestellt und die beiden pflegen seitdem ein sehr gutes Verhältnis. Frau Zwerike ist weit über das Marketingteam hinaus für ihre Gewissenhaftigkeit bekannt und wird allgemein sehr geschätzt. Seit der Geburt ihres Kindes (6 Jahre) arbeitet Frau Zwerike in Teilzeit. Sie ist täglich von 08:00 bis 14:00 Uhr im Büro.

Als Annegret Küster mich zum Gespräch aufsucht, ist sie immer noch sehr aufgewühlt. Vor drei Tagen rief Herr Hilgers sie zu sich, um ihr mitzuteilen, dass sie etwas in ihrer Zusammenarbeit mit Frau Zwerike ändern müsse. Frau Zwerike habe sich bei ihm über die Zusammenarbeit mit Frau Küster beschwert und finde, dass diese ihr keine Wertschätzung für ihre Arbeit entgegenbringe. Als Indiz dafür schilderte Frau Zwerike ein Gespräch, das sie vor zwei Wochen mit Annegret Küster geführt hatte.

Herr Hilgers ließ Frau Küster wissen, dass es für ihn keine Rolle spiele, wann, was, wie gesagt worden ist, weil er sich mit „solchen Kinkerlitzchen" gar nicht aufhalten wolle. Er verlangte jedoch von Frau Küster, dass sie „die Kuh vom Eis" bekommt, damit wieder „Ruhe im Haus" einkehrt und es ja kaum sein könne, dass Frau Küster es sich bereits in den ersten vier Monaten mit einer Teamsekretärin verscherze.

Frau Küster sucht mich auf, um mit mir das anstehende Gespräch mit Frau Zwerike vorzubereiten.

Zunächst bitte ich sie jedoch, mir von dem Gespräch zu erzählen, das Frau Küster und Frau Zwerike vor zwei Wochen geführt haben.

Coach:	„Frau Küster, was war damals der Anlass des Gesprächs zwischen Ihnen und Frau Zwerike?"
Klient:	„Der Anlass war, dass mich Frau Zwerike morgens, als ich aus dem Fahrstuhl stieg und sie mir über den Weg lief, fragte, ob ich nachher mal eine Minute Zeit für sie hätte."
Coach:	„Was haben Sie geantwortet?"
Klient:	„Ich war etwas überrascht, sagte ihr jedoch dann, dass sie am besten kurz vor dem Mittagessen gegen 12:15 Uhr zu mir kommen sollte. Sie sagte, das passe ihr gut."
Coach:	„Woher wussten Sie, worum es in dem Gespräch gehen sollte oder mit welchem Ziel Frau Zwerike dieses Gespräch initiierte?"
Klient:	„Ich wusste gar nichts. Sie hat mich ja nur gefragt, ob ich nachher mal eine Minute für sie hätte. Mehr nicht."
Coach:	„Wie ging es dann weiter?"
Klient:	„Um 12:15 Uhr kam Frau Zwerike dann in mein Büro. Sie sagte mir, dass sie mir ja nun schon gute vier Monate assistiere und nur mal kurz hören wollte, ob ich denn mit ihrer Arbeit soweit zufrieden sei. Sie hätte gute Erfahrungen damit gemacht, immer mal zwischendrin nach dem Rechten zu fragen, und das wollte sie jetzt auch bei mir nicht versäumen.

Natürlich habe ich ihr dann gesagt, dass ich jetzt etwas überrascht sei und ob sie denn schon mit ihrem Chef gesprochen habe, da Frau Zwerike ja gar nicht direkt an mich berichtet. Frau Zwerike sagte dann, dass sie das ja sowieso immer macht, aber da sie aktuell Themen für mich bearbeitet, wollte sie nun von mir wissen, wie ich ihre Arbeit einschätze.

Ich war ehrlicherweise ziemlich perplex über ihre Vorgehensweise." |
| Coach: | „Inwiefern?" |
| Klient: | „Nun, Frau Zwerike arbeitet nur interimsweise für mich und ist mir nicht direkt unterstellt. Mit dem Thema schon nach vier Monaten anzukommen, empfand ich doch als sehr früh. Aufgrund meines Jobs bin ich ja auch gar nicht so viel im Büro, und so oft hat sie jetzt auch noch keine Aufgaben für mich erledigt. Ich weiß |

	nicht genau, wie ich es ausdrücken soll, ich fand das irgendwie etwas übertrieben, dafür bei mir aufzuschlagen, aber gut."
Coach:	„Wie ging es dann weiter?"
Klient:	„Ich fragte Frau Zwerike dann, worum es ihr genau ging, und sie sagte, sie wolle wissen, ob es etwas gebe, das mich an ihr stört, oder etwas, das meiner Ansicht nach zu verbessern wäre.

Ich sagte, dass ich im Großen und Ganzen dazu noch nicht viel sagen könne, ich aber zufrieden sei, mit dem, was sie für mich getan hat. Ich sagte dann noch, dass ich jedoch auch festgestellt hätte, wie dringend ich eine Vollzeitassistenz brauche, da es für mich unbefriedigend ist, meine Anfragen immer nur zwischen 08:00 und 14:00 Uhr stellen zu können. Ich sagte ihr aber auch, dass das ja nicht ihr Thema sei und wir ja schon händeringend jemand suchten."

Coach:	„Wie hat Frau Zwerike reagiert?"
Klient:	„Ich habe es ihr so erklärt, wie ich es Ihnen erklärt habe, und sie schien es verstanden zu haben."
Coach:	„Woran machen Sie das fest?"
Klient:	„Sie hat nichts weiter dazu gesagt, nur gefragt, ob noch was wäre. Als ich das dann verneint habe, hat sie mein Büro verlassen und danach haben wir ganz normal miteinander weitergearbeitet. Und jetzt schlägt sie zwei Wochen später bei meinem Chef auf und beschwert sich, ich sei ihr gegenüber nicht wertschätzend!"
Coach:	„Was glauben Sie, welche Botschaft hat Frau Zwerike aus dem Gespräch mit Ihnen mitgenommen?"
Klient:	„Ganz ehrlich? Ich habe keine Ahnung! Vielleicht hat sie diese Teilzeitnummer auf sich bezogen, dabei hatte es doch gar nichts mit ihr persönlich zu tun. Das habe ich ihr ja auch erklärt. Ich weiß nicht, an welchem Punkt ich nicht wertschätzend gewesen bin. Ich weiß nur, dass mein Chef mich darum bittet, die Kuh vom Eis zu bekommen, die ich gar nicht aufs Eis geführt habe!"

Anhand dieses Beispiels lässt sich meines Erachtens vieles erkennen: Zum einen folgen auf die – leichtfüßig und harmlos anmutenden – Gesprächsaufforderungen nach dem Motto „Hast du mal ein paar Minuten" oft genau die Gespräche, die ein großes Konfliktpotenzial in sich tragen.

Meine Empfehlung an Sie ist, erst dann ein paar Minuten Ihrer kostbaren Zeit zu opfern, wenn man Ihnen beantworten kann, worum es geht, welches Ziel das Gespräch verfolgt und wie der Gesprächspartner den Begriff „ein paar Minuten" definiert.

Denn erst, wenn Sie diese Antworten kennen, können Sie sagen, ob Sie „mal ein paar Minuten Zeit haben." Erlauben Sie sich die Antwort: „Jetzt, da ich das Thema kenne, bitte ich dich, mir einen offiziellen Termin einzustellen."

Ist Ihnen aufgefallen, dass es meist die zwischenmenschlichen Themen sind, die Mitarbeiter oder Kollegen während eines „Hast du gerade mal eine Minute" besprechen wollen? Dabei muss Ihnen klar sein, dass *nur Sie* für das Gespräch tatsächlich diese eine Minute Zeit zur Verfügung haben, denn der Mitarbeiter hat sich über das anzusprechende Thema sehr wahrscheinlich bereits unzählige Minuten Gedanken gemacht.

Zwischen Ihnen und Ihrem Gesprächspartner besteht, so ist anzunehmen, eine massive Vorbereitungslücke. Es ist nicht zu erwarten, dass Sie diese Lücke in ein paar Minuten stopfen können – ganz egal, wie gut Sie improvisieren.

Daher sollten Sie Gespräche, in denen Sie „mal kurz" um eine Leistungseinschätzung gebeten werden, niemals ohne Vorbereitung führen und deshalb abblocken.

▶   Erinnern Sie sich daran, dass gelungene Kommunikation einem
         Kraftakt gleichkommt und weder zwischen Tür und Angel noch in
         minimaler Zeit gestemmt werden sollte.

Zudem zeigt das oben genannte Beispiel, welche Wirkung Begriffe haben können. Die Klientin hat sich in dem Gespräch mit Frau Zwerike für den Begriff „unbefriedigend" entschieden.

Nun weiß ich wenig vom Arbeitsethos Frau Zwerikes, aber es ist anzunehmen, dass „unbefriedigend" ein bedeutendes Wort für Frau Zwerike ist, denn sie gehört vermutlich zu den Menschen, die es als ihre Pflicht ansehen, andere in ihrer Arbeit zu unterstützen.

Es kann also unter Umständen sinnvoll sein, den Begriff „unbefriedigend" zu wählen. Aber nur dann, wenn man überlegt und strukturiert ausformulieren kann, woran man das „unbefriedigend" festmacht.

Diesen Begriff jedoch unüberlegt zu verwenden, wirkt wie ein Stich in ein Wespennest. Dieser schmerzt nicht weniger, wenn versucht wird, die Aussage mit einem „So fühlt es sich für mich an" abzumildern. Denn die Gefahr ist groß, dass das Denkmuster Ihres Gegenübers aus dem Satz: „Die Situation ist unbefriedigend für mich" ein „Du bist unbefriedigend" konstruiert – gerade in beruflichen Kontexten.

Nachdem ich die Themen „Ad-hoc-Anfragen" und Begrifflichkeiten mit Frau Küster besprochen habe, bitte ich sie, in einem Rollenspiel die Rolle von Frau Zwerike einzunehmen und sie willigt ein. Fortan ist sie also Franziska Zwerike, die Teamsekretärin und ich schlüpfe in die Rolle von Annegret Küster, meiner Klientin.

Ich bitte meine Kundin als Frau Zwerike das Gespräch so zu beginnen, wie der Dialog vor zwei Wochen tatsächlich verlief.

In der ersten Runde ahmen wir den Dialog schlicht nach und ich bitte Frau Küster danach, mir zu erzählen, wie es sich in der Rolle von Frau Zwerike für sie angefühlt hat. Zudem soll sie einschätzen, mit welchem Gefühl Frau Zwerike in das Gespräch gekommen ist.

„Wahrscheinlich", so Frau Küster „hat Frau Zwerike nicht damit gerechnet, dass ich überhaupt zu etwas Stellung nehmen könnte, was mir nicht so gut passt. Denn sie ist ja seit Jahren eine sehr gute Kraft im Haus. Womöglich hatte sie zudem wohl nicht erwartet, dass das Thema Teilzeit eine Rolle spielt."

Frau Küster stellt in unserem weiteren Austausch für sich fest, wie wichtig es für den Verlauf eines Gesprächs ist, Kenntnis über das zu besprechende Thema zu haben. „Denn nur so kann ich mich ja auf das konzentrieren, was ich dazu wirklich zu sagen habe und was ich wirklich sagen möchte. Ohne eine Idee von dem zu haben, was besprochen werden soll, stochert man zu Gesprächsbeginn quasi im Nebel. Ich bin überrascht, dass ich das bisher nicht so gesehen habe. Wahrscheinlich, weil ich immer irgendwie durch diesen Nebel durchgekommen bin."

▶ Der Vollständigkeit halber sei hier erwähnt, dass auch Frau Zwerike nicht antizipiert hat. Denn auch sie hätte sich ausmalen können, wie unangenehm es für ihre Chefin ist, das Thema des Gesprächs erst in dem Moment zu erfahren, in dem sie vor ihr sitzt.

Ebenfalls hätte Frau Zwerike sich fragen können: „Was mache ich eigentlich, wenn Frau Küster etwas Negatives äußert? Wie gehe ich dann mit dieser Botschaft um?"

Eine wirklich wichtige Frage. Denn die Antwort ist am Ende das, mit dem man arbeiten muss.

Die Herausforderung ist daher nicht, jemanden etwas zu fragen, sondern vielmehr, mit der Antwort umzugehen.

In der zweiten Runde des Rollenspiels geht es nun um den Blick nach vorne. Frau Küster ist entschlossen, ein zweites Gespräch mit Frau Zwerike zu führen. Auch wenn dies ursprünglich eine Arbeitsanweisung ihres Chefs war, ist ihr nun auch selbst an dem Gespräch gelegen. „Und wenn auch nur zu Übungszwecken", lässt sie mich wissen.

In unserer nächsten Coachingstunde nehmen wir uns nun Zeit, um das Gespräch mit Frau Zwerike vorzubereiten, und antizipieren gemeinsam, wie Frau Küster es bestmöglich führen kann. Zunächst besprechen wir die Einladung an Frau Küster. Immer noch in den Rollen Küster=Zwerike und Götze=Küster:

Praxisbeispiel: „Spontane" Missverständnisse. Rollenspiel 1. Teil

Coach als Frau Küster:	„Frau Zwerike, auf welche Art und Weise möchten Sie zu diesem Gespräch eingeladen werden?"
Klientin als Frau Zwerike:	„Nun ja, ich weiß ja, dass Sie jetzt wahrscheinlich nur zu mir kommen, weil ich es dem Geschäftsführer erzählt habe. Dass ich diesen Schritt gegangen bin, zeigt zum einen meinen guten Draht zum Geschäftsführer Hilgers. Zum anderen ist mir aber natürlich auch etwas mulmig zumute, denn Sie sind ja vielleicht sauer auf mich."
Coach als Frau Küster:	„Das heißt, es täte Ihnen gut, wenn meine Einladung schon ahnen ließe, dass ich eben genau dies nicht bin? Vielleicht würde es helfen, Sie mit besonders freundlichen Worten anzuschreiben?"
Klientin als Frau Zwerike:	„Ich weiß nicht, besonders freundlich wäre schon ziemlich auffällig. Vielleicht würde es mir helfen, wenn wir nicht um den „heißen Brei" herumreden- und Sie sich auf das Gespräch mit Herrn Hilgers beziehen würden. Aber schon irgendwie nett."
Coach als Frau Küster:	„Was halten Sie davon, wenn ich es so formuliere: „Hallo Frau Zwerike", nach Rücksprache mit Herrn Hilgers habe ich verstanden, dass ich in unserem letzten Gespräch offensichtlich nicht die richtigen Worte gewählt habe. Daher würde ich gerne erneut versuchen, mit Ihnen über unsere Zusammenarbeit zu sprechen. Hätten Sie hierfür am xyz für eine halbe Stunde Zeit?" Wie hört sich das an?
[Klientin „fällt aus der Rolle"]:	„Also, ganz ehrlich! Zu Kreuze kriechen muss ich ja nicht gleich. Das würde ich so nie so formulieren."
[Coach als Coach]:	„Wie würden Sie es schreiben, damit es Frau Zwerike ansprechen könnte?"

| Klienten: | „Ich würde schreiben: Hallo Frau Zwerike, bitte seien Sie doch so nett und kommen bezüglich unseres letzten Gesprächs noch mal zu mir. Gerne würde ich eventuell bestehende Missverständnisse ausräumen." |
| Coach: | „Wunderbar, dann schreiben Sie das so." |

Ich vereinbare mit der Klientin, dass sie diese E-Mail am nächsten Tag rausschickt.

In der nächsten Sitzung erfahre ich von Frau Küster, dass Frau Zwerike sehr schnell auf die E-Mail reagiert und sofort den Termin bestätigt hat.

Nun geht es darum, auch dieses Gespräch vorzubereiten. Frau Küster sagt mir, dass ihr nicht nur daran gelegen ist, Frau Zwerike zufriedenzustellen. Sie möchte Frau Zwerike auch gerne etwas zu ihrer Art und Weise der Gesprächsanfrage sagen und darüber, wie sie es empfunden hat, von Frau Zwerike so „abgefangen" worden zu sein.

Meine Klientin hat sich Gedanken gemacht, wie sie das Gespräch mit Frau Zwerike beginnen wird. Sie hat sich entschieden, mir diese ersten Sätze vorzutragen, um ganz explizit meine Meinung dazu zu hören:

Praxisbeispiel: „Spontane" Missverständnisse. Rollenspiel 2. Teil

Klientin:	„Frau Zwerike, vielen Dank, dass Sie sich die Zeit genommen haben, noch mal mit mir zu sprechen. Wie ich in meiner E-Mail geschrieben habe, würde ich gerne noch einmal auf unser letztes Gespräch zurückkommen. Ich habe Sie so verstanden, dass ich mich darin Ihnen gegenüber nicht wertschätzend verhalten habe. Um Sie zu verstehen, würde ich gerne wissen, woran Sie das festmachen?"
[Ich steige spontan in die Rolle von Frau Zwerike]:	„Nun, mich hat es schon etwas überrascht, dass Sie der Meinung sind, unsere Zusammenarbeit sei unbefriedigend."
Klientin:	„Aber das habe ich doch mit keinem Wort gesagt. Ich habe gesagt, dass es unbefriedigend für mich ist, meine Fragen und Wünsche an Sie nur in den Stunden zwischen 08:00 und 14:00 Uhr stellen beziehungsweise vorbringen zu können."
	[Ich unterbreche meine Klientin an dieser Stelle, um ihr aufzuzeigen, dass Sie mit der Antwort Gefahr läuft, sich wieder in den alten Dialog ziehen

	zu lassen und dass sie sich doch eine Antwort überlegen soll, die nicht noch einmal aufnimmt, was damals gesagt worden ist, sondern vielmehr, wie es verstanden werden sollte. Wir probieren es einige Male erneut und schlussendlich findet meine Klientin die passende Antwort:]
Klientin:	„Wenn das so bei Ihnen angekommen ist, dann muss ich mich wohl korrigieren. Es ist unbefriedigend für mich, dass ich noch keine neue Assistentin habe, die mir den ganzen Tag zur Verfügung steht, weil es mir sehr schwerfällt abzuschätzen, wann ich Hilfe brauche. Und zu wissen, dass meine Assistentin auch noch um 17:00 Uhr verfügbar ist, beruhigt mich sehr."

Selbstverständlich kann und wird das Gespräch zwischen Frau Zwerike und Frau Küster letztlich noch anders verlaufen. Doch darum geht es nicht. Frau Küster hat durch unsere Übungen an Ihrer Einstellung gegenüber Frau Zwerikes Handlung gearbeitet. Diese Haltungsänderung – von dem „Wie kann die nur …" hin zu „… insgesamt einfach nicht gut gelaufen" – veranlasste Frau Küster dazu, in einem neuen Gespräch zu versuchen, den tatsächlichen Inhalt ihrer Botschaft an Frau Zwerike zu vermitteln.

▶ Wenn der Hörer und nicht der Sprecher den Inhalt einer Botschaft bestimmt und dieser Inhalt nicht das ist, was der Sprecher sagen wollte, hat der Sprecher in den meisten Fällen die Chance, seine Botschaft erneut zu übermitteln.
Aber mit Wut im Bauch darüber, dass der andere ihn überhaupt missverstanden hat, ist das nahezu unmöglich.

2.6.3 Fallbeispiel zur Theorie „Unterschiede unterscheiden lernen"

In den Gesprächen mit meinen Klienten kommt, wie beschrieben, immer wieder die Frage auf, wie man überhaupt sicher sein kann, dass Information geflossen oder man informiert worden ist. Theoretisch können meine Kunden die Aussagen zu „Unterschiede unterscheiden" nachvollziehen, doch verlangen sie oft praktische Beispiele.
Jeder stellt sich die Frage, wie diese Unterschiede bemerkt werden, ja, meine Kunden möchten fast schon wissen, wie es sich „anfühlt", informiert worden zu sein.

Natürlich gibt es hierzu keine pauschale Antwort. Der Akt des Unterscheidens ist subjektiv.

Und doch habe ich meine Klienten gebeten, mir zu schildern, welche Information für sie den entscheidenden Unterschied gemacht hat. Woran machen sie rückblickend fest, dass sie informiert worden sind?

Das können Begriffe, Sätze, Aussagen oder auch Fragen sein, die dazu geführt haben, dass meine Klienten etwas anders sehen als vorher noch. Auf etwas anders schauen, als vorher noch. Etwas mehr verstehen, als vorher noch. Ein Unterschied ist zumeist eben auch der Moment, in dem es möglich ist, „ein Vorher und ein Nachher" im Denken zu verorten.

Ich frage meine Klienten: „Würden Sie sagen, ein Unterschied gleicht einem Aha-Erlebnis?" Darauf antworteten über 90 Prozent: „Ja. Und doch ist es mehr als das."

Vielleicht helfen Ihnen die nachfolgenden Beispiele dabei, sich das Thema „Unterschiede" noch etwas genauer vorzustellen, um daraus Ihre eigenen Schlüsse zu ziehen.

Vielleicht – und die Gefahr ist groß – sehen Sie keinen Nutzen in den nachfolgenden Beispielen. Eben, weil es nicht die Unterschiede sind, die zu Ihnen passen. Weil die Unterschiede, die meine Klienten gewählt haben, in Ihrem Denkmuster gar nichts auslösen.

Ein Versuch ist es trotzdem wert.

Platz für Neues

Mit einem Klienten arbeitete ich über ein Jahr lang an Führungs- und Kommunikationsthemen.

Dabei ertappte er sich immer wieder dabei, wie schwer es ihm fiel, das Verhalten des Gegenübers – sei es Chef, Mitarbeiter oder Kollege – einfach so hinzunehmen, ohne sich stets aufs Neue darüber aufzuregen. Er hatte schon lange eingesehen, dass es ihm in vielerlei Hinsicht besser ginge, wenn er sein Nervenkostüm nicht mehr auf diese Art und Weise strapazieren würde.

Nur die Umsetzung fiel ihm sehr schwer. Es fiel ihm schwer, damit aufzuhören, sich aufzuregen.

Es gab Momente, in denen er (wie er es selbst nannte) „gut anfing", er begann das Gespräch in einer gelassenen Haltung. Doch spätestens, „wenn der andere dann nicht wenigstens ein bisschen einsichtig ob seines Verhaltens war", konnte mein Kunde nicht mehr an sich halten.

Nachdem mein Klient sich aufgeregt hatte, war er frustriert: „Warum ist es mir „auf dem Papier" so klar, dass der andere auf seiner Insel agiert und sich soverhält. Warum jedoch, kann ich es in der Wirklichkeit nicht einfach annehmen?"

Mein Klient hatte selbst keine Idee, welches Verhalten er stattdessen für sich erlernen könnte. „Was kann ich anderes und Besseres tun, als mich aufzuregen?"

Natürlich kennt auch er die üblichen Tricks & Tipps: kurz mal den Raum verlassen, ein Glas Wasser trinken, zum Fenster laufen. Manchmal zwickte er sich selbst sogar, um sich abzulenken.

Bei einem Coachingspaziergang habe ich meinen Klienten gefragt, was er davon halten würde, sich einfach keine Gedanken mehr über sein eigenes Verhalten zu machen. „Wie wäre es, wenn Sie sich über Ihr Aufregen nicht mehr aufregten?"

Mein Klient wurde hellhörig. Er stoppte seinen Gang und sah mich an: „Ja und dann? Was ändert das dann? Ich bin doch zu Ihnen gekommen, weil ich mich ständig aufrege."

„Nun ja", antwortete ich, „Sie sind ja *nicht* zu mir gekommen, um sich über Ihr Aufregen nicht mehr aufzuregen. Sie sind zu mir gekommen, um Ihr Aufregen abzustellen. Und vielleicht klappt das Abstellen auch deshalb nicht, weil Sie im Kopf für nichts anderes mehr Platz haben, außer sich über Ihr Aufregen aufzuregen. Vielleicht schaffen wir einfach etwas Platz in Ihrem Hirn. Für Neues."

„Und was soll das sein?", fragte mich mein Klient.

„Ich weiß es nicht. Sie sind doch Herr über Ihre Gedanken. Sie entscheiden, was Sie denken. Entscheiden Sie doch auch dies."

Als ich den Klienten vier Wochen später zu unserem nächsten Termin traf, erzählte er mir begeistert, dass er eine für ihn typische Aufregersituation bravourös gemeistert und sich sehr schnell wieder in den Griff bekommen hat. Er werde jetzt weiter daran arbeiten, gelassener zu werden.

Als ich ihn fragte, wie er das geschafft habe, sagte er mir, er habe sich dazu entschieden, in kritischen Momenten an etwas anderes als sein „nicht aufregen" zu denken. Er habe verstanden, dass er der Herr über seine Gedanken ist, und möchte sich das jetzt auch nicht mehr nehmen lassen.

Auch ich bin jedes Mal überrascht, welche Unterschiede im Denken schlussendlich zu einem Unterschied in Haltung und Handeln führen.

Wie oft hatten wir vorher über die Situation gesprochen. Wie oft hatten wir darüber diskutiert, was zu denken, zu tun oder nicht zu tun ist. Und wie oft haben wir Informationen über eine Sache ausgetauscht. Ich möchte nicht behaupten, davon sei nichts im Kopf meines Klienten hängen geblieben. Im Gegenteil, ich glaube, die vielen Gespräche vorab waren wichtig, damit sich der entscheidende Unterschied im Denkmuster meines Klienten ausformen konnte.

Die elementare Informationseinheit jedoch, die meinem Klienten geholfen hat, sein Verhaltensmuster zu durchbrechen, war für ihn die Erkenntnis, dass er Herr seiner Gedanken ist. So einfach und doch so komplex.

Sehr frei nach Klaus Lage: 1000 Mal informiert – 1000 Mal ist nichts passiert. 1000 und das eine Mal. Und dann hat's „Zoom" gemacht.

Ein anderes Beispiel

Epikurs Schmerz

Neben meiner Tätigkeit als Coach und Beraterin studiere ich Philosophie und Religionswissenschaften an der Universität in Frankfurt.

Begleitend zu unseren Vorlesungen werden in den Tutorien die philosophischen Texte gemeinsam vor- oder nachbereitet.

Während des Studiums einiger ausgewählter Schriften des griechischen Philosophen Epikur betrachteten wir in einem dieser Tutorien unter anderem Epikurs Definition von Glück. Glück, so beschreibt er, sei die Abwesenheit von Schmerz und Unruhe.

In unserem Tutorium saß eine junge Frau, die sich über die Definition sehr aufregte. Sie fand es frustrierend, als Mensch Glück so zu definieren. „Glück ist doch so viel mehr als das!", lies sie uns Kommilitonen wissen.

„Wie kann sich ein Mensch nur auf die Abwesenheit von Schmerz und Unruhe konzentrieren, wie erbärmlich muss das eigene Leben sein?", fügte sie hinzu.

Kurzum: Sie zeigte überhaupt kein Verständnis dafür, dass dieser Mann vor gut 1600 Jahren solch „eine niederschmetternde Ansicht" hatte, und machte allen im Raum unmissverständlich klar, dass sie Epikur wohl nie mehr gerne lesen würde.

Ich weiß natürlich nicht, ob nur mir im Raum auffiel, wie sehr sie sich über diese Aussage aufregte. Mir kam in den Sinn, dass ihr Denkmuster ganz besondere Beschreibungen von Glück konstruiert haben müsse – oder eben auch von Schmerz. Was es auch war, ich konnte zwar schwer nachvollziehen, warum sie sich so über Epikurs Aussage aufregte. Aber es war nicht meine Aufgabe, mir darüber meinen Kopf zu zerbrechen, und so fiel es mir auch nicht schwer, die Aussage der Kommilitonin einfach so stehen zu lassen.

Doch die junge Frau war noch nicht am Ende mit ihren Schimpftiraden: „Sie hoffe …", so sagte sie weiter „… dass Epikur dann doch wenigstens richtig mit Schmerzen von dannen gegangen ist". Denn „wer so frustriert ist, der verdient es nicht anders".

Unser Tutor – 25 Jahre jung – ließ die Dame ausreden und unterbrach sie nicht. Als sie ihre Rede beendet hatte, sagte er ganz ruhig: „Was Epikurs Tod betrifft, kann ich Sie beruhigen. Sein Tod war ein Prozess, der sich über viele Jahre hinzog. Er hatte ein Blasenleiden, das damals nicht heilbar und sehr schmerzhaft war. Es wird erzählt, dies sei auch der Grund dafür gewesen, warum Epikur für sich diese Definition von Glück wählte: eben die Abwesenheit von Schmerz."

Ich weiß nicht, wie es der Dame erging, aber für mich machte die Aussage meines Tutors einen Unterschied. Sogar einen sehr gravierenden. Ich bin ihr dankbar dafür, dass sie nachgehakt, sich aufgeregt und so eine Diskussion angeregt hat.

Denn dadurch wurde Epikurs Definition für mich vor der Ablage in meine „Gewohnheitsschublade" gerettet. Ich denke, ich hätte die Definition Epikurs von „Glück" sonst schon kurz nach dem Tutorium nicht mehr rezipieren können, hätte sich die Studentin nicht so aufgeregt und meinem Tutor diese Erklärung abverlangt.

▶ Für mich war es auch eine wichtige Erinnerung daran, wie essenziell der Diskurs für die Konstruktion von Unterschieden ist.

Denn in einem Umfeld, in dem das Rückfragen und das Äußern der eigenen Meinung explizit erwünscht ist, können die Unterscheidungsparameter der anderen sichtbar werden, und zwar über Kommunikation.

Zu hören, woran der andere seine Unterscheidungen festmacht und wie er sich seine Welt erklärt, hilft mir, die meinige zu überprüfen, infrage zu stellen oder auch erneut zu bestätigen.

2.7 Demut und Disziplin in chaotischen Welten

Wie ich Ihnen eingangs beschrieben habe, bin ich der Überzeugung, dass es Führungskräfte braucht, die sich dem Thema „Kommunikation" mit Respekt und Demut nähern und die sich selbst beim Sprechen disziplinieren.

Selbstverständlich bin ich mir darüber im Klaren, dass die derzeitigen Arbeitsumgebungen und -bedingungen die Umsetzung dieses Vorhabens extrem erschweren. Arbeitsverhältnisse, in denen sich Kompetenz vor allem dadurch zeigt, dass sehr schnell Antworten und Lösungen gefunden werden müssen. Zudem wird es mit Sicherheit immer noch Unternehmenssysteme geben, die eine autoritäre Kommunikationsmethodik bei Führungskräften als „durchsetzungsstark" ansehen.

▶ Die Entscheidung und der Bedarf zur Veränderung des Kommuni-
    kationsverhaltens liegen bei jedem selbst. Wenn Sie etwas verän-
    dern wollen, empfehle ich, sich nur eine (!) Sache auszuwählen, die
    Sie in Bezug auf Ihr Kommunikationsverhalten zukünftig ändern
    wollen.
    Und dann üben Sie sich darin. Täglich und verbindlich.

Nehmen Sie sich selbst in die Pflicht und zelebrieren Sie diese Selbsttreue, die
schlussendlich Sinnstiftender sein kann, als manch anderes, von dem Sie glauben,
es tun zu müssen.

Literatur

Bateson G (1990) Ökologie des Geistes. Suhrkamp, Frankfurt, S 582
Nagel T (1990/2012) Was bedeutet das alles? Reclam, Stuttgart, S 33, 34
Nassehi A (2015) Die letzte Stunde der Wahrheit. Murmann, Hamburg, S 161, 162
Simon F (2015) Einführung in Systemtheorie und Konstruktivismus. Carl-Auer, Heidelberg,
    S 88
von Foerster P (2013) Wahrheit ist die Erfindung eines Lügners. Carl-Auer, Heidelberg

Arbeitsmethodik: Viel werken und doch nichts bewirken

3

Vom Überschätzen der eigenen Arbeitsmethodik

Zusammenfassung

Nicht selten verdrehen meine Klienten ihre Augen, um ihren Missmut auszudrücken, wenn ich sie bitte, mir ihre Arbeitsweise näher zu beschreiben: „Frau Götze, ich bitte Sie, über die Jahre habe ich einen Weg gefunden, meine Themen abzuarbeiten", höre ich dann, „das spielt nun wirklich keine Rolle für unser Coaching."

Mir kommt es daher oft so vor, als würde ich mit meiner Frage nach der Arbeitsmethodik in unerlaubtes Terrain vordringen. Die Frage, ob es eventuell an einer Arbeitsmethodik fehlt oder ob das eigene Arbeiten effizient ist und wenn ja inwieweit, scheint sich für erfahrene Führungskräfte zu verbieten.

Offensichtlich ist diese Überlegung nur in einem Coaching für sehr junge und noch unerfahrene Führungskräfte angebracht. Eben für Leute, die gerade erst in den Job kommen und sich darin noch zurechtfinden müssen. Aber Profis – also die, die sich seit Jahren auf dem Arbeitsparkett bewegen – müssen sich doch nun wirklich keine Gedanken mehr über den eigenen Arbeitsstil machen.

Weit gefehlt!

Die Erfahrung aus meinen Coachings zeigt vielmehr das: Der Grund, warum meine Kunden ihre Arbeit oft als ineffizient empfinden und sich permanent gehetzt fühlen, liegt eben nicht nur an den äußeren Umständen, sondern sehr häufig auch an ihrer dysfunktionalen Arbeitsweise. Und zwar gerade bei den Klienten, die der Überzeugung sind, dass sie zu diesem Thema nun wirklich gar nichts Neues mehr zu lernen brauchen.

© Springer Fachmedien Wiesbaden GmbH, ein Teil von Springer Nature 2019   103
A. Götze, *Was erfahrene Führungskräfte wissen sollten*,
https://doi.org/10.1007/978-3-658-26576-2_3

„Wären Sie trotzdem so nett, mir die Art und Weise zu beschreiben, wie Sie an Ihren Job herangehen?", bitte ich meine Kunden dann. „Vielleicht erzählen Sie zunächst, welchen Regeln Ihre Arbeitsmethodik folgt?"

Falls Sie sich gerade fragen, was genau denn mit „Regeln" gemeint sein könnte, empfehle ich Ihnen die Lektüre dieses Kapitels, das zwei gravierende Methodenfehler meiner Kunden näher beschreibt und erklärt. Eine praktische Übung, um solche Fehler in der Methodik zu vermeiden, rundet das Kapitel ab.

3.1   Business as usual? Ein Ammenmärchen!

▶ **Arbeitsmethodik** Mit Arbeitsmethodik ist in diesem Buch die Art und Weise gemeint, wie Sie an Ihre Arbeit herangehen, um sie zu erledigen und ein wirkungsvolles Ergebnis herbeizuführen. Es geht darum, woran Sie erkennen, dass Sie Ihren Arbeitstag wirkungsvoll und effizient genutzt haben und woran Sie festmachen, dass Sie nutzbringende, sachdienliche Ergebnisse erzielen.

Als ich 1992 in das Berufsleben eintrat, waren eintägige Assessment-Center gang und gäbe. Die Bewerber mussten damals manchmal weit mehr als acht Stunden lang Interviews, Leistungs- und Persönlichkeitstests über sich ergehen lassen, um am Ende für den Job ausgewählt zu werden oder eben auch nicht.

Ein seinerzeit sehr beliebtes Testverfahren war die sogenannte „Postkorb-übung": Der Bewerber erhält einen „Postkorb" beziehungsweise eine Inbox mit unterschiedlich vielen Dokumenten, die er in kurzer Zeitspanne abarbeiten muss. Natürlich verbirgt sich hinter jeder E-Mail ein zu lösendes Problem (etwa vorverlegte Abgabetermine oder veränderte Rahmenbedingungen, unter denen ein Projekt zu managen ist).

Ein Ziel der Übung ist es zu testen, wie gut der Bewerber organisieren kann und wie entscheidungsfreudig er ist, also ob er bereit ist, eine Entscheidung zu treffen, für die er dann auch die Verantwortung übernimmt.

Viele Bewerber fürchteten diese Übung: Rückfragen waren meist nicht gestattet und die Aufgaben erforderten viel mehr Zeit, als die, die der Bewerber zur Verfügung hatte, um die Probleme zu lösen und die Aufgaben abzuarbeiten. Störungen (Anrufe, Unterbrechungen durch einen Mitarbeiter) erschwerten die Bedingungen zusätzlich.

Ich habe lange nichts mehr von dieser Übung gehört oder gelesen, daher vermute ich, dass sie bei heutigen Personalauswahlverfahren keine Rolle mehr spielt.

Dies wäre wirklich sehr schade, denn die Postkorbübung kommt dem tatsächlichen Berufsleben nicht nur sehr nahe, sie ist zudem noch ein ganz hervorragendes Auswahlkriterium. Und damit meine ich nicht unbedingt ein Kriterium zur Auswahl junger Bewerber. Vielmehr sehe ich in der Postkorbübung eine Chance, die Arbeitsmethodik erfahrener Führungskräfte zu hinterfragen.

Natürlich ist es nahezu unvorstellbar, einen Bereichsleiter oder sogar ein Mitglied der Geschäftsführung im Bewerbungsgespräch darum zu bitten, 30 E-Mails in einer Inbox abzuarbeiten und zu priorisieren. Und trotzdem oder gerade deswegen sollte das Kriterium der persönlichen Arbeitsmethodik im Vorstellungsgespräch unbedingt zumindest angesprochen werden – auch und gerade, wenn es sich bei dem Bewerber um eine erfahrene Führungskraft handelt.

Und das gilt nicht nur für Bewerbungsgespräche. Jede Führungskraft – und gerade die erfahrenen – sollten in regelmäßigen Intervallen Folgendes tun: ihre persönliche Art und Weise, berufliche Aufgaben abzuarbeiten, Fragen zu beantworten und Probleme zu lösen, kritisch zu hinterfragen.

Ich habe das Thema „Arbeitsmethodik" ganz explizit unter der Rubrik „Denkfehler" in dieses Buch aufgenommen, weil es nahezu kein Führungskräftecoaching gibt, bei dem sich schlussendlich nicht doch herauskristallisiert, dass eine dysfunktionale Arbeitsmethodik auf das Problem meines Kunden einzahlt.

Dabei klagen meine Klienten wohlgemerkt überhaupt nicht über eine fehlende oder eine unzulängliche Arbeitsmethodik. Im Gegenteil: Ihnen kommt das gar nicht in den Sinn. Meine Klienten stöhnen darüber, dass sie zu wenig oder gar keine Zeit haben! Und zwar auf nahezu jeder Ebene ihres Tuns: zu wenig Zeit für den Job, zu wenig Zeit für die Mitarbeiter, zu wenig Zeit für sich selbst.

Dass dieser Zustand eventuell etwas mit der eigenen Arbeitsmethodik zu tun haben könnte, ist eben nur schwer vorstellbar und wird daher nicht priorisiert.

▶ Wenn es auch Ihnen an Zeit fehlt, ist dies ein unmittelbarer Indikator für eine dysfunktionale Arbeitsmethodik und eine fehlende Arbeitsdisziplin.
Damit meine ich die Disziplin, sich selbst auf das Wesentliche der Arbeit zu konzentrieren und sich an der Abarbeitung dieser Aufgaben selbst zu messen und in ihrer Erledigung zu „ermahnen".

Für uns alle, das wissen Sie, hat der (Arbeits-)Tag circa acht bis zehn Stunden. Wenn Sie der Meinung sind, diese reichen nicht aus, die Arbeit zu bewältigen, sollten Sie die Art und Weise des eigenen Arbeitens kritisch hinterfragen.

Früher war alles … ja, was eigentlich?
Wie beschrieben, habe ich es mir in meinen Coachings zur Gewohnheit gemacht, nahezu jeden meiner Klienten zu seinem persönlichen Arbeitsverhalten zu befragen.

In den vergangenen Jahren habe ich in den Schilderungen meiner Kunden immer wiederkehrende Indikatoren ausgemacht, die darauf schließen lassen, dass es den Klienten an einer systematischen Herangehensweise an das eigene Arbeiten fehlt.

Diese Indikatoren, auf die ich nachfolgend noch näher eingehen werde, lauten:

a. „Ich werde in meiner Arbeit ständig unterbrochen."
b. „Ich mache meinen Job nach Feierabend."
c. „Ich habe ein neues Team/Ich habe einen neuen Chef."

Wenn ich meine Kunden frage, was sie sich von einem Arbeitstag wünschen, höre ich fast immer: „Ich möchte einfach nur in Ruhe meinen Job erledigen und meine Sachen abarbeiten. Einfach mal Business as usual wäre schön."

Business as usual – also, das „alles seinen Gang geht". Ich würde sagen, fast ausnahmslos jeder meiner Klienten wünscht sich diesen Zustand zurück. Dazu hier ein Auszug aus einem Gespräch mit einem Kunden:

Praxisbeispiel „…früher ging alles seinen Gang…"

Coach:	„Wann ging das letzte Mal alles seinen Gang?"
Klient [überlegt lange]:	„Schon Jahre nicht mehr."
Coach:	„Und als damals alles seinen Gang ging, was genau war da anders als heute?"
Klient:	„Na, früher musste alles nicht sofort sein. Entscheidungen konnten in Ruhe getroffen werden, Termine liefen zeitlich nicht aus dem Ruder. Man konnte auch mal eine Weile nur im Büro sitzen und kontinuierlich seine Arbeit machen."
Coach:	„Lassen Sie mich ein paar Fragen zu früher und heute stellen: Waren Sie damals schon in der Position, in der Sie jetzt sind?"
Klient:	„Nein, natürlich nicht."
Coach:	„Und war Ihr Team damals schon das, mit dem Sie heute arbeiten?"
Klient:	„Nein auch nicht."
Coach:	„Und Ihr Chef? Ist es derselbe wie damals?"
Klient:	„Nein."

Coach:	„Das Unternehmen, die Arbeitswelt?"
Klient [genervt]:	„Nein!"
Coach:	„Und würden Sie sagen, dass Sie mit jeder Veränderung, die Sie im Arbeitsleben erfahren haben, auch Ihre Art zu arbeiten geändert haben? Haben Sie mit jeder neuen Position, jedem neuen Team, jedem neuen Chef oder jedem neuem Arbeitgeber Ihre Arbeitsmethodik hinterfragt und den neuen Gegebenheiten angepasst?"
Klient:	„Natürlich, sonst wäre ich ja gar nicht so weit gekommen. Vielleicht habe ich das nicht bewusst gemacht, aber so etwas passiert doch intuitiv und automatisch."

Die Problematik, die ich beim Thema Arbeitsmethodik sehe, ist nicht nur die, dass Führungskräfte womöglich gar keine Methodik haben.

Es kommt erschwerend Folgendes hinzu: Führungskräfte haben sich meist zu Beginn Ihrer Berufstätigkeit eine Art und Weise angeeignet, wie sie die Dinge abarbeiten und wie sie an Themen herangehen.

Diese Arbeitsmethodik haben sie jedoch über die Jahrzehnte weder kritisch hinterfragt noch haben sie sie mit Struktur und Strategie den sich verändernden Arbeitsbedingungen angepasst. Es kann aber unmöglich richtig sein, heute noch so zu arbeiten, wie sie es zu Beginn Ihrer Tätigkeit getan haben.

Ich glaube daher nicht, dass Führungskräfte gut beraten sind, sich der eigenen Arbeitsmethodik instinktiv und unreflektiert hinzugeben, denn es ist nur ein schmaler Grat zwischen „intuitiv" und „unproduktiv":

Das schnelle Tempo der heutigen Arbeitswelt macht ein „wie von selbst fließen" im Sinne von „Mal schauen, was heute so ansteht" unmöglich. Und so gleicht der Arbeitstag meiner Kunden eher einem Spießrundenlauf.

Ständig, so scheint es, laufen sie der Zeit und ihren Aufgaben hinterher. Ein Kunde beschrieb seine Situation einmal so: Er habe das Gefühl, in einem Holzfass zu sitzen und darin auf einem reißenden Fluss zu treiben. Von der Kraft des Wassers hin und her katapultiert, ohne die Möglichkeit, das Fass zu stoppen oder lenkend einzugreifen.

Es ist nicht verwunderlich, dass derjenige, der sich dem Arbeitstag intuitiv und fließend hingibt und das in der festen Überzeugung, das Richtige zu tun, über kurz oder lang ein Gefühl der Ohnmacht verspürt.

Es ist auch nachvollziehbar, dass manche Menschen der Auffassung sind, eine reaktive und intuitive Haltung biete die beste Möglichkeit, in einer unbeständigen und komplexen Arbeitswelt zu überleben.

Ich sage nicht, dass diese Haltung grundsätzlich falsch ist. Als permanente und ausschließliche Grundhaltung lehne ich sie jedoch ab.

Denn selbst die, die dem Arbeitstag bewusst mit der Haltung begegnen „Mal schauen, was heute so ansteht", brauchen letztlich eine verbindliche Methode, mit der sie das abarbeiten, was „da so ansteht". Andernfalls besteht die Gefahr, dass sie vollends in Stress und ineffizienter Arbeit untergehen.

▶   Eine funktionierende Arbeitsmethodik zeichnet sich dadurch aus, dass man sie mit größter Disziplin verfolgt und umsetzt.

Wer effizientes, also ressourcenschonendes Arbeiten anstrebt, braucht eine Verpflichtung gegenüber der eigenen Aufgabe und gegenüber den Menschen, mit denen man zusammenarbeitet.

Vor allem aber braucht es eine Verpflichtung gegenüber sich selbst.

Ich muss gestehen, dass ich immer wieder überrascht bin, wie wenig diszipliniert einige Führungskräfte mit der eigenen Arbeitszeit und – viel wichtiger noch – mit der Arbeitszeit der Kollegen und Mitarbeiter umgehen.

Die Einsicht, dass es eine (zum Job und zur Person passende) Arbeitsmethodik braucht, ist das eine. Diese Methodik mit eiserner Disziplin anzuwenden und immer wieder zu hinterfragen, ist jedoch nicht minder erfolgsrelevant!

Die treffendste Zusammenfassung dazu ist meiner Ansicht nach immer noch die von Fredmund Malik aus seinem Werk „Führen, Leisten, Leben":

„Bei aller Bedeutung, die man einer guten fachlichen Ausbildung einräumen muss, ausreichender Intelligenz, Erfahrung und sonstigen so häufig geforderten Eigenschaften, Fähigkeiten und Talenten – ohne Arbeitsmethodik ist alles *wertlos*. Es bleibt ungenutztes, nicht realisiertes Potenzial." (2006, S. 316)

3.2   Aus der Praxis: Mit neuem Vorgehen vor(an)gehen

3.2.1   Durchgehend geöffnet?

Erinnern Sie sich noch? In den frühen 2000er-Jahren war es gang und gäbe, dass man als Zeichen „guter Führung" eine „Open-Door-Policy" lebte.

„Offen" wurde zum wichtigen Führungsprinzip und bezog sich in keiner Weise nur auf das Thema „Tür". Für Führungskräfte empfahl es sich, in jeder Hinsicht „offen" zu sein: offene Tür, offene Ohren, offenes Mindset, offenes Feedback.

„Offen" galt als Synonym für „gut und richtig" und Führungskräfte waren entsprechend bemüht, sich dieses Prinzip zu eigen zu machen.

Meiner Beobachtung nach wurde die Erwartung „offen zu sein" damals hauptsächlich an die Führungsebene des mittleren Managements gestellt. An die, die sich in der klassischen Sandwichposition befinden. Denn schaute man in die Führungsetagen der Topmanager, war (und ist!) eine geschlossene Bürotür ein wichtiges Macht- und Statussymbol, das einen sichtbaren Unterschied zwischen mittlerem und Topmanagement machte (und macht).

Es scheint, dass die „Open-Door-Policy" eine der Richtlinien ist, die sich über die Jahre hinweg in den Köpfen der Führungskräfte als Muss verankert hat. Auch heute noch gilt es als Qualitätsmerkmal guter Führung, „offen zu sein": Ein Chef sollte für seine Mitarbeiter eben in erster Linie schnell erreichbar und schnell ansprechbar sein.

In meinen Coachings erzählen mir meine Kunden immer wieder, dass sie ihre Arbeit nicht richtig machen können, da sie an ihrem Schreibtisch fortwährend gestört werden: Mal steht der Kollege in der Tür, mal der Mitarbeiter am Tisch, mal platzt der Vorgesetzte rein. Ein kontinuierliches konzentriertes Arbeiten ist nahezu unmöglich.

Auf meine Frage, warum mein Klient dies geschehen lässt, bekomme ich häufig zur Antwort, „dass der Kollege ja eventuell eine wichtige Sache zu besprechen hat" oder „dass der Mitarbeiter ja das Gefühl haben soll, dass er mit Themen zu mir kommen kann" oder eben auch „dass im Unternehmen nun mal eine Open-Door-Policy" gelebt wird.

▶ Hinzu kommt, dass diese kurzen Unterbrechungen meist die kleinen Erfolgserlebnisse des Tages sind, weil man als Führungskraft „schnell" ein Problem lösen, die nächsten Schritte aufzeigen konnte oder eine Antwort parat hatte.

Das sind die kurzen Momente, in denen meine Kunden unmittelbar spüren, dass sie Chef sind. Und das sind gute Momente, auf die sie nur ungern verzichten. Dafür nehmen sie jedoch einen „Kuhhandel" in Kauf: Damit der Mitarbeiter in seiner Arbeit fortfahren kann, muss die Führungskraft die eigene Arbeit unterbrechen. Mehrmals am Tag. Mal nur kurz, mal für länger.

Dass diese Art des Arbeitens ineffizient ist, liegt auf der Hand. Ja, es kommt einer Art „Selbstvergessenheit" gleich, die sich Führungskräfte im Grunde nicht leisten können. Ständig für jeden und alle ansprechbar zu sein und sich aus dem Wunsch heraus, gebraucht zu werden, den Verlauf des Arbeitstags diktieren zu lassen, ist nicht sinnvoll und – so hart es klingen mag – auch unreif.

Falls Sie also noch keinen Weg gefunden haben, sich selbst zu klonen, rate ich Ihnen dringend, im Job regelmäßig und mit aller Konsequenz „dichtzumachen".

▶ Kein Job der Welt ist effizient machbar, wenn das Arbeiten im Minu-
    tentakt von außen gestört wird. Vom Friseur bis Herzchirurg fällt mir
    kein Beruf ein, der so oft unterbrochen werden darf, wie der des
    Managers.

Natürlich sollen Sie offen für die Themen und Belange Ihrer Kollegen und Mitmenschen sein. Aber *wann* Sie offen sind, sollten im häufigsten Fall ausschließlich Sie entscheiden.

Das hat natürlich zur Konsequenz, dass Sie eine „Closed-Door-Policy" leben, indem Sie Ihren Mitarbeitern klarmachen (und sich selbst dazu disziplinieren), dass es bei geschlossener Tür keinen Zutritt in Ihr Zimmer und zu Ihrem Gehirn gibt.

Der, der Sie doch stört, muss mit angemessenen Konsequenzen (etwa mündliche Ermahnung) rechnen.

Ich staune immer wieder, wie vehement ich über diesen an sich banalen Ratschlag mit meinen Klienten diskutieren muss.

Interessanterweise ist das Problem eben nicht unbedingt das, die eigene Tür geschlossen zu halten. Viel mehr ins Gewicht fallen dabei das bereits angesprochene Gefühl des „Chefseins" und die Sorge, „etwas Wichtiges zu verpassen" oder „etwas Wichtiges gegen die Wand fahren zu lassen".

Natürlich wissen meine Kunden sehr wohl, dass die spontanen Anfragen von Kollegen oder Mitarbeitern nur in sehr wenigen Fällen ihre sofortige Intervention verlangen und dass meist keine Gefahr besteht, Projekte könnten gegen die Wand gefahren werden.

▶ Es sollte klar sein, dass die Unterbrechung zunächst nur für einen
    wichtig ist: für den, der unterbricht, damit er seinen Job weiterma-
    chen kann.

    Führungskräfte müssen es aushalten können, diese Unterbre-
    chung abzulehnen, auch auf die Gefahr hin, dass es gut gewesen
    wäre, den Mitarbeiter anzuhören. Dabei zeigt die Erfahrung jedoch
    auch, dass Mitarbeiter nicht locker lassen, wenn sie wirklich der fes-
    ten Überzeugung sind, der Chef müsse dringend *jetzt* zuhören.

Also disziplinieren Sie sich! Lösen Sie sich von dem Gefühl, „Feuerlöscher" zu sein. Finden Sie einen Weg, Ihre Vorhaben mit den Vorhaben Ihrer Mitarbeiter in Einklang zu bringen. Hierfür gibt es ganz pragmatische Lösungsansätze: Manche Kunden richten feste tägliche Sprechzeiten ein. Wieder andere buchen sich einen kleinen Meetingraum auf einem anderen Stockwerk oder in einem anderen Gebäude des Unternehmens, um dort ungestört zu arbeiten.

Kurzum: Führungskräfte, die ihrer Arbeit mit System und Disziplin nachgehen, haben verstanden, dass die eigene „Zeit zum Denken" absolute Priorität haben muss. Ihre Fähigkeit, sich zu strukturieren und zu disziplinieren, ist unverzichtbar. Der Mitarbeiter, der gerade abgewiesen wird, versteht das in diesem Moment wahrscheinlich nur schwer. Langfristig jedoch werden alle Mitarbeiter die Vorteile zu schätzen wissen, die daraus auch für sie selbst erwachsen.

3.2.2 Aus der Rubrik „spektakuläre Funde": ein freier Termin!

Wenn ich mit meinen Kunden eine Coachingtermin vereinbaren möchte, ähnelt das Prozedere einer archäologischen Ausgrabung: Mit viel Fleiß und Geduld „graben" die Kunden nach einem freien Termin, sie suchen und prüfen, alles mit dem Ziel, das wertvolle Fundstück – in Form einer eineinhalbstündigen Verfügbarkeit – zu heben. Die Terminfindung beansprucht bisweilen so viel Zeit, dass ich es mir bei manchen Klienten zur Gewohnheit gemacht habe, die letzten zehn Minuten des Coachings für die Suche nach einem Folgetermin zu nutzen.

Ein Blick in die Kalender meiner Kunden macht klar: Hier einen freien Platz zu finden, kommt einem spektakulären Fund gleich. Die Kalender sind zum Bersten voll: Mal bunt markiert, mal in schlichtem „Outlook-Graublau" reihen sich die Terminblöcke aneinander – von morgens 06:00 bis abends 22:00 Uhr. Diese Kalender machen jedem Beobachter unmissverständlich klar: Hier wird jemand gebraucht! Hier ist jemand wichtig!

Gleichzeitig sind meine Kunden oft hochgradig genervt von dem, was sie mir da zeigen: „Schauen Sie sich das mal an, ist das nicht einfach unmöglich? Ich bin den ganzen Tag nur in Meetings, ich hab nicht eine freie Minute für mich."

Wie oft höre ich, dass meine Klienten wütend sind, weil sie viele ihrer eigentlichen Aufgaben erst am Abend oder sogar am Wochenende erledigen können. Wie oft höre ich von der Frustration, dass die Zeit „vorne und hinten" nicht reicht. Und wie oft sind meine Kunden verzweifelt darüber, dass Meetings nur Zeitverschwendung oder unproduktiv sind.

▶   In der Arbeit mit meinen Kunden nehme ich nichts widersprüchli-
    cher wahr, als das Stöhnen über fehlende Zeit auf der einen Seite
    und den Umgang mit dem eigenen Terminkalender auf der ande-
    ren Seite.
    Nichts offenbart meines Erachtens deutlicher, dass es der Füh-
    rungskraft an Disziplin und Arbeitsmethodik fehlt, als der übervolle
    Terminkalender.

Wenn ich mit meinen Kunden über das Thema Arbeitsmethodik und Zeitmanagement spreche, frage ich zunächst, ob sie die alleinige Verfügungsgewalt über ihren
Kalender haben oder ob andere darin ebenfalls Einträge vornehmen können. Denn
nur die Klienten, die mit einer hervorragenden Assistenz oder Sekretariat gesegnet
sind, sollten diesen erlauben, Termine dort einzutragen. Denn Assistenzkräfte organisieren und verwalten die Terminkalender ihrer Chefs meist ganz vorbildlich.

Prinzipiell empfehle ich meinen Klienten jedoch stets, die alleinige Entscheidungsgewalt über den eigenen Kalender in ihrer Hand zu behalten. Es ist hier und
da zwar üblich, die Terminkalender anderer einsehen zu können, was für die Ter-
minorganisation sehr hilfreich ist. Aber Termine im Kalender tatsächlich zu ver-
geben und einzutragen, sollte jedem selbst überlassen bleiben. Bei dem Gros meiner Kunden ist das erfreulicherweise auch so.

Natürlich steht nun die Frage im Raum, warum meine Kunden, wenn sie ihren
Terminkalender selbst verwalten, sich diesen so vollpacken, dass sie keine Zeit
mehr finden, die eigene Arbeit zu erledigen? Warum tun sie sich diesen Stress an?

Hierzu ein Auszug aus einem Gespräch mit einem Kunden:

Praxisbeispiel: „Kalendermanagement"

Klient:	„Ja klar, ich kann mir selbst meine Termine eintragen und sie vergeben. Aber sehr häufig muss ich mich natürlich auch nach den Einladungen richten, die mir geschickt werden."
Coach:	„Wie gehen Sie normalerweise vor, wenn Sie zu einem Termin eingeladen werden?"
Klient:	„Ich schaue mir an, um was es geht, und sage dann zu oder ab."
Coach:	„Aufgrund welcher Kriterien entscheiden Sie, ob Sie zu- oder absagen?"
Klient:	„Naja, von wem der Termin kommt, um was es in dem Termin geht, was meine Rolle in dem Termin ist, wie lange der Termin dauert, aufgrund solcher Fragen eben."

Coach:	„Verstehe. Sind das also die Kriterien, nach denen Sie die Termine priorisieren? Es hört sich für mich so an, als ob Sie damit entscheiden, wie wichtig der Termin ist, aber nicht, ob sie überhaupt daran teilnehmen werden.“
Klient:	„Naja schon, denn an wichtigen Terminen nehme ich natürlich auch teil. „
Coach:	„Okay und was sind für Sie dann Knock-out-Kriterien? Wann würden Sie einen Termin absagen?“
Klient:	„Wenn ich überhaupt nicht verstehe, warum ich dabei sein soll oder wenn ich mit dem Thema nichts zu tun habe.“
Coach:	„Und wie oft kommt es vor, dass Sie einen Termin absagen?“
Klient:	„Sehr selten.“
Coach:	„Woran könnte es Ihrer Meinung nach liegen, dass Sie sehr selten Termine absagen?“
Klient:	„Nun einen Termin abzusagen ist gar nicht so einfach. Denn bei vielen Terminen ist es gut, dabei zu sein, um von den Themen zumindest etwas zu erfahren, selbst wenn ich keinen aktiven Anteil an dem Meeting habe. Bei wieder anderen Terminen kann ich zum Beispiel gar nicht absagen, weil mein Chef wünscht, dass ich dabei bin. Wieder andere Termine erscheinen Außenstehenden vielleicht als recht lang, weil sie für zwei Stunden angesetzt sind, aber womöglich sind gerade diese zwei Stunden ausschlaggebend für den Projekterfolg. Und dann habe ich natürlich auch noch meine regelmäßigen Jour-fixe-Termine mit meinem Team oder mit externen Dienstleistern. Es kommen doch schon einige Gründe zusammen und so spricht es öfter dafür, Termine zuzusagen als abzusagen.“
Coach:	„Verstehe. Dass Sie einem Termin keine Priorisierung geben, kommt also nur äußerst selten vor. Aber indem Sie priorisieren, entsteht ja auch eine Hierarchie. Welche Termine sind sehr weit oben in Ihrer Hierarchie, welche eher weiter unten?“
Klient:	„Nun, sehr weit oben sind zum Beispiel Entscheidungstermine, das sind sowieso meist Termine, zu denen ich einlade. Dann wiederum sind die Termine mit meinem Chef sehr wichtig; auch die Jour-fixe-Termine mit meinem Team sehe ich in der Hierarchie sehr weit oben.“
Coach:	„Okay, also Entscheidungen, Chef, Team. Das sind grob die drei Oberbegriffe, die in der Terminhierarchie bei Ihnen sehr

weit oben angesiedelt sind, an denen Sie möglichst auch immer teilnehmen. Die anderen Termineinladungen siedeln Sie in der Wichtigkeit darunter an, richtig?"

Klient: „Ja, so könnte man es ausdrücken."

Coach: „Und danach priorisieren Sie, wie Sie sagten, nach dem Kriterium, wer zu dem Termin einlädt, um was es geht und so weiter. Das heißt doch auch, dass diese Termine keinen festen Platz in Ihrem Kalender haben, sondern in Ihrer Bedeutung flexibel zu betrachten sind. Die Priorisierung und damit Ihre Tages-oder Wochenplanung kann sich immer wieder verschieben, richtig?"

Klient: „Ja, das ist richtig. Es kann sein, dass ich am Montag vorhabe, an einem Termin am Mittwoch teilzunehmen. Wenn dann ein wichtigerer Termin auf dieselbe Zeit am Mittwoch festgesetzt wird, streiche ich den bisherigen und ersetze ihn durch den neuen Termin. Wobei ich zugeben muss, dass ich nicht streiche, sondern dazu tendiere, beide Terminen zuzusagen."

Coach: „Sie nehmen Termine an, die an einem Tag zur gleichen Zeit stattfinden?"

Klient [grinst]: „Ich weiß schon, was Sie jetzt sagen wollen. Aber das hört sich schlimmer an, als es ist. Es geht mir einfach darum, dass ich den anderen Termin im Hinterkopf behalte und nicht aus den Augen verliere."

Coach: „Sagen wir, ich würde Sie bitten, all die Termine, die nicht zu Ihren ersten drei Kategorien „Entscheidungen, Chef, Team" gehören, aus dem Kalender zu löschen, wie sähe ihr Terminkalender dann aus?"

Klient: „Natürlich um einiges entspannter. Aber so einfach ist das nun wirklich nicht. Es kann ja sein, dass Termine, die nicht in diese drei Kategorien fallen, trotzdem sehr wichtig und notwendig sind. So was kann man nicht im Voraus sagen. Es lohnt sich also schon, dabei zu sein."

Coach: „Nun sagten Sie mir ja zu Beginn unseres Coachings, dass Sie viele Termine für unnötig halten oder als Geschwafel empfinden und dass Sie sie als verlorene Zeit empfinden. Aber Sie sagen mir auf der anderen Seite, dass Sie erst zum Termin hingehen müssen, um herauszufinden, ob sie etwas bringen oder doch nur unnötig oder Geschwafel sind, richtig?"

| Klient: | „So habe ich es noch nicht gesehen. Aber wenn Sie so wollen, da ist was Wahres dran." |
| Coach: | „Dann bräuchten Sie doch eigentlich auch gar keine Priorisierung mehr, sondern sagen einfach alles zu oder?" |

Sie werden sich wahrscheinlich vorstellen können, was mein Klient nach diesem Satz erwidert hat: „Aber das ist nicht das, was ich will …". Und es bestand auch an diesem Punkt wieder die Gefahr, dass sich unser Gespräch in einer Endlosschleife verfangen würde.

▶ Meeting annehmen, ja oder nein? Das ist eine unentscheidbare Frage, also eine Frage die nur Sie für sich beantworten können (siehe Abschn. 1.4.4 Output und Vertrieb) und zwar für alle Termineinladungen, die Sie täglich bekommen.
   Sie haben die Wahl und Sie sind gut beraten, diese Wahl aufgrund von klaren eigenen Regeln und Prinzipien zu treffen!

Diese Regeln und Prinzipien erarbeite ich mit meinen Kunden, indem ich sie bitte, mit mir gemeinsam in ihren Kalender zu schauen und mir zu sagen, aufgrund welcher Argumente sie diesen oder jenen Termin zugesagt haben.
   Die Übung bringt meine Kunden dazu, gründlich und grundlegend darüber nachzudenken, welchen persönlichen Nutzen ihre Termine für Sie haben.
   Mit Fragen wie

a. „Glauben Sie, dass der Zeitrahmen zu groß oder zu klein für das Meeting ist?"
b. „Haben Sie für dieses Meeting eine Agenda, wissen Sie genau, was besprochen werden soll?"
c. „Wie viel Vor- und Nacharbeit haben Sie für dieses Meeting eingeplant?"
d. „Sind Sie der richtige Vertreter für dieses Thema oder kann jemand aus Ihrem Team mehr dazu sagen als Sie?"
e. „Sprechen Sie zu dem Thema in ähnlicher Runde noch einmal in dieser Woche? Wenn ja: Kann dieser Termin mit dem anderen zusammengelegt werden?"
f. „Sind mehrere Personen aus Ihrem Bereich bei diesem Termin vertreten? Falls ja, könnte nicht nur einer in diese Besprechung gehen?"
g. „Hat das Meeting einen Timekeeper"?
h. „Was wäre, wenn das Meeting nicht stattfände (nur alle zwei Wochen … nur einmal im Monat …)?"
i. „Was würden Sie tun, um über die Inhalte informiert zu werden, wenn Sie zum Zeitpunkt des Meetings krank wären?"

j. „Welche der als Termin in Ihrem Kalender stehenden Veranstaltungen langweilen Sie? Definieren Sie, was Sie langweilt. Was hindert Sie daran, einen Verbesserungsvorschlag vorzubringen, um den Termin interessanter und nutzbringender zu machen?"

erreiche ich, dass mein Kunde auf unterschiedlichsten Ebenen über die Sachverhalte nachdenkt, sie aus unterschiedlichsten Perspektiven betrachtet. Das kann schlussendlich auch dazu führen, dass er Termine kürzt, verändert oder absagt.

Ein weiterer Grund, warum meine Kunden Termine zusagen, ist nach eigenen Angaben ihr Gefühl, „persönlich dazu verpflichtet zu sein". Aus meiner Sicht ist es jedoch eher das sehr menschliche und nachvollziehbare Gefühl der Angst, etwas zu verpassen, nicht mehr Teil einer Gruppe zu sein oder nicht mehr auf dem Laufenden zu sein, wenn sie nicht am Geschehen teilnehmen.

Dieses Motiv ist der eigentlich ausschlaggebende Grund dafür, dass meine Kunden so oft auf den „Akzeptieren-Button" im Outlook Kalender klicken.

Die Befürchtung, etwas Bedeutendes in Meetings zu verpassen oder bei einer grundlegenden Entscheidung nicht dabei gewesen zu sein, verleitet Führungskräfte dazu, auf nahezu „allen Hochzeit zu tanzen". Hinzu kommt eine überzogene Vorstellung von der Bedeutung und Relevanz der eigenen Person. Oder diplomatischer ausgedrückt: das Gefühl, man sei dazu verpflichtet, jedes Meeting mit der eigenen persönlichen Meinung zu „bereichern".

▶ Die persönliche Omnipräsenz in Meetings mit dem Argument zu rechtfertigen, man müsse schließlich über den Fortgang der Dinge „informiert sein", enthebt Führungskräfte der Verantwortung für die eigene Arbeitsdisziplin. „Informiert sein zu müssen" ist ihre „Carte blanche", ein planloses und willkürliches Zeitmanagement zu betreiben.

Und auch das kommt hinzu: Das Gefühl, „informiert zu sein", ist für viele Chefs eines ihrer letzten Privilegien als Führungskraft, an dem sie mit aller Irrationalität und Verzweiflung festhalten.

Was Führungskräfte in Bezug auf die eigene Arbeitsmethodik lernen sollten, ist vor allem das: Es geht für sie darum, zu erkennen, dass es zutiefst paradox ist, einerseits an unzähligen Terminen teilzunehmen, aus der Sorge heraus, „etwas zu verpassen und nicht mehr dazuzugehören" und andererseits den Wunsch zu hegen, „endlich Zeit zum Arbeiten zu haben".

Durch das Erkennen dieses widersprüchlichen Verhaltens begreifen sie, dass sie diesen Widerspruch nur selbst auflösen können, indem sie selbst eine Entscheidung, eine Wahl treffen.

Eine Entscheidung, die nur ein Kompromiss zwischen dem einen und dem anderen sein kann. Ein Kompromiss, der eben das eine Mal für die Besprechung und das andere Mal für die Arbeit am eigenen Schreibtisch ausfallen sollte. Diese Entscheidungen für das eine und das andere sollten sich die Waage halten; ein Kippen in die eine oder die andere Richtung ist unbedingt zu vermeiden.

Eingebildete Trennung

Es gibt eine weitere Sache, die mich in den Gesprächen mit meinen Klienten immer wieder fasziniert: Wie gut es meinen Klienten gelingt, sich von den eigenen Kollegen abzugrenzen, wenn es um die Teilnahme an Besprechungen geht.

Da wird mit größter Abscheu von Meetings gesprochen („Wieder so ein Termin, wo jeder nur palavert" oder „Geht sowieso jeder nur hin, um das eigene Gesicht zu zeigen"), jedoch völlig außer Acht gelassen, dass man ja *selbst* Teil des Ganzen ist.

Nun kennen Sie vielleicht den Spruch: Du stehst nicht im Stau. Du bist der Stau! Ich biete Ihnen einen neuen Gedanken an, der Sie in Zukunft hier und da vielleicht davon abhalten wird, Termineinladungen anzunehmen:

▶ Sie sitzen nicht im sinnlosen Meeting. Sie sind das sinnlose Meeting!

Das will keiner gerne hören – hilft aber meist gerade deswegen!

Denn, so zu tun, „als ginge das alles einen selbst nichts an", „als gehöre man nicht dazu" ist nur ein weiteres Verhaltensmuster, das Sie der Verantwortung enthebt, Selbstdisziplin zu üben.

Jeder von uns hat immer (!) die Entscheidungsgewalt darüber, an einem Meeting teilzunehmen oder abzulehnen. Daher finde ich es naheliegend zu vermuten, dass Führungskräfte auch deswegen Meetings „über sich ergehen" lassen, anstatt die eigene Arbeit zu erledigen, weil es ihnen an einer guten Arbeitsmethodik und Selbstdisziplin mangelt. Denn am Meeting teilzunehmen, hat ihrer Meinung nach einen größeren Nutzen für sie selbst, als darauf zu verzichten.

Es gibt unzählige Gründe, warum es überaus unproduktiv ist, den eigenen Kalender mit Terminen zu überfrachten. Einen Grund empfinde ich persönlich am gravierendsten: die Zeit, die uns dadurch zum Denken fehlt!

Als Führungskraft haben sie die Aufgabe, Entscheidungen zu treffen und dafür zu sorgen, dass Ihre Entscheidungen umgesetzt werden. Das erfordert Zeit, um nachdenken, antizipieren, abwägen zu können. Dies *kann* natürlich auch in einem Meeting mit anderen Menschen passieren, das darf jedoch kein Dauerzustand sein. Und es beginnt damit, hierfür genug Zeit im Kalender einzuplanen.

► Mit sich und seinem Denken alleine sein, ist ein Zustand, den Führungskräfte wieder trainieren und lernen müssen

3.2.3 Gebrauchsanleitung des Chefs

Bitte beantworten Sie die folgenden Fragen:

a. Darf man Sie per WhatsApp über berufliche Dinge auf dem Laufenden halten?
b. Zu welcher Zeit darf man Sie niemals stören?
c. Stört es Sie, wenn Sie E-Mails „scrollen" müssen?
d. Darf man Sie sofort ansprechen, wenn Sie das Büro betreten?
e. Finden Sie Termine über die Mittagszeit in Ordnung?
f. Finden Sie Familienbilder auf dem Schreibtisch passend oder unpassend?

► g. Wissen Ihre Mitarbeiter, wie Sie diese Fragen beantworten würden?

Wie bereits erwähnt, arbeite ich mit meinen Klienten allumfassend an dem Thema „Gelassenheit". Meine Kunden üben sich darin, an dem Verhalten des anderen nicht zu verzweifeln und es tolerieren zu lernen.

Hierfür hilft es, auch das habe ich bereits mehrfach erwähnt, die Ziele und Zwecke, die der andere verfolgt, zu antizipieren – also vorausschauend einzuplanen –, um darauf entsprechend reagieren und Rücksicht nehmen zu können. Dieses Szenario einer (guten) Zusammenarbeit sollte für die persönliche Arbeitsmethodik eine wichtige Rolle spielen.

Ihre Arbeitsmethodik ist nichts, was sich nur auf den fachlichen und sachlichen Teil Ihrer täglichen Arbeit bezieht. Vielmehr brauchen Sie natürlich auch eine Vorstellung davon, wie Sie sich Ihren Kollegen und Mitarbeitern gegenüber verhalten sollen, damit Sie Ihre Arbeit erledigt bekommen.

► Sie sollten daher gründlich darüber nachdenken, welche Ihrer Bedürfnisse der berufliche Umgang mit Menschen nach Ihrer Ansicht erfüllen muss und welche Anforderungen Ihr Gegenüber an Sie haben könnte.

Durch die Gespräche mit meinen Kunden fällt mir häufig auf, dass vielen nicht wirklich klar ist, wie sie mit dem anderen – sei es Chef, Kollege oder Mitarbeiter – umgehen wollen und sollen.

Nur sehr wenige haben sich darüber Gedanken gemacht, auf welche Art und Weise sie das berufliche Zusammenspiel handhaben – und wie sie miteinander umgehen wollen. Die Absprachen darüber werden in vielen Team- und Chefbeziehungen oftmals vergessen oder nicht systematisch angegangen. Es scheint, als lasse man es beim Thema „gute Zusammenarbeit" einfach drauf ankommen, man überlässt es, wenn nicht dem Zufall, so doch dem realen Berufsleben, in dem sich dann schon zeigen wird, ob es klappt.

Wenn ich meine Kunden also frage: „Wie sollten Sie sich verhalten, damit Ihr Chef/Ihr Kollege/Ihr Mitarbeiter seine Arbeit erledigen kann?", ernte ich ein Stirnrunzeln.

Häufig können meine Kunden diese Frage nur vage oder gar nicht beantworten. Dies ist übrigens nicht nur ausschließlich bei den Kunden der Fall, deren Zusammenarbeit mit Kollegen oder Chef noch jung ist. Ich habe Kunden, die bereits eine längere Zeit in einer sehr beständigen Kollegenumgebung arbeiten und auch bei denen fallen die Antworten hierauf eher schwammig aus.

Das ändert sich leider auch nicht, wenn ich die Frage umdrehe und von meinen Kunden wissen will, wie sich denn der andere verhalten sollte, damit mein Kunde seine Arbeit erledigen kann. Die Antworten fallen vielleicht etwas konkreter aus, aber sind nicht aussagekräftig genug für die, die ihr Verhalten danach ausrichten sollen.

▶ Es ist also sehr wohl definiert, *wofür* gearbeitet wird, *woran* gearbeitet wird und mit *wem* gearbeitet wird. Die Definition eines *„Wie* arbeiten wir miteinander?" bleibt jedoch meist auf der Strecke, denn es scheint die Annahme zu herrschen, das werde sich „schon zeigen", wenn man erst einmal in der Arbeit steckt.

Dass es dafür dann jedoch zu spät sein kann, bezeugen etliche kleine Missverständnisse, die von einer „Lappalie" ausgingen (die fehlende Kaffeetasse oder ein gekipptes Fenster) und sich zu handfesten Konflikten entwickelt haben.

„Wie arbeitest du?", „So arbeite ich!", sind Themen, die meines Erachtens noch zu wenig in Organisationen besprochen und geklärt werden. Wann immer sich für Sie die Möglichkeit ergibt, in einem Gespräch mehr über die Wünsche und Ziele des anderen herauszufinden: Fragen Sie einfach nach!

Es braucht keine Strategieworkshops und keine stundenlangen Arbeitsmeetings, um einen guten Modus Operandi der Zusammenarbeit zu entwickeln. Denn der Anlass, warum es in einer Zusammenarbeit mal knirscht oder nicht vorangeht, sind oft ganz banale Dinge, die pragmatisch aus der Welt geräumt werden können, wenn man sich darauf einlässt.

Ich möchte Ihnen daher nachfolgend grob eine Übung skizzieren, die ich nahezu in jeden Workshop zum Thema „Zusammenarbeit" einbaue.

Die Erfahrungen der Teilnehmer stimmen mich jedes Mal positiv und zeigen, dass mit dieser Methode, sehr wirkungsvolle Ergebnisse für eine erfolgreichere Zusammenarbeit erzielt werden können, auch wenn sie vielen zu Beginn sehr trivial erscheint.

Ich lade Sie als Führungskraft dazu ein, diese Übung mit Ihrem Team oder auch im Kollegenkreis zu machen oder durchführen zu lassen. Dass die Teilnehmer angesichts dieser „Bastelarbeit" wahrscheinlich am Anfang nur die Stirn runzeln und süffisant lächeln werden, muss der Durchführende aushalten und moderierend darüber hinweggehen.

Gebrauchsanleitung – Übungsmethode

Teilnehmer:	Zwischen acht und zehn Personen eines Teams, eines Projekts
Arbeitsmaterial und Aufbau:	Ein Bild eines Arbeitsplatzes auf festem Papier ausgedruckt. Die Anzahl der Ausdrucke entspricht der Teilnehmerzahl. Tische für jeden Teilnehmer, gerne in Gruppenaufbau. Keine Einzelübung, Interaktion erwünscht.
Utensilien:	Bereits auf den Tischen wild verteilt: Kleber, Bilder, Schere, Stifte, Sticker, Zeitungen und alles, was sich zum aufkleben eignet.
Durchführung:	Zu Beginn der Übung stelle ich nach dem Zufallsprinzip den anwesenden Teilnehmern ähnliche Fragen, wie ich es auch zu Beginn des Abschn. 3.2.3 getan habe:

a.   Zu welcher Zeit darf man Sie niemals stören?
b.   Stört es Sie, wenn Sie E-Mails „scrollen" müssen?
c.   Darf man Sie sofort ansprechen, wenn Sie das Büro betreten haben?

Meist muss der Befragte etwas nachdenken, mitunter bekomme ich sofort eine Antwort.

Daraufhin frage ich in der Gruppe, wer diese Antwort des Kollegen hätte voraussehen können. Es gibt in der Regel zwar vereinzelte Wortmeldungen, im Großen und Ganzen aber reagiert das Plenum eher verhalten.

Daraufhin wird das Bild, welches den Arbeitsplatz darstellt, ausgeteilt und die Teilnehmer werden gebeten, sich hinsichtlich des eigenen Arbeitens über die folgenden Punkte Gedanken zu machen (hier nur ein kleiner Auszug):

a. Arbeitszeit
b. Geräusche
c. Kantine
d. Outlook
e. Schreibtisch

Hinzu füge ich Beispiele für die einzelnen Themenfelder.

a. Arbeitszeit: Sind Sie eher der „early Bird" oder eher Typ „später Vormittag"?
b. Geräusche: Können Sie sie gut ausblenden oder lassen Sie sich dadurch schnell ablenken?
c. Kantine: Gehen Sie zum Mittagessen immer in die Kantine oder essen Sie auch mal am Arbeitsplatz?
d. Outlook: Organisieren Sie Ihre Arbeit über Outlook oder eher mit To-do-Listen oder Programmen?
e. Schreibtisch: Ist Ihrer eher aufgeräumt oder unaufgeräumt?

Die Teilnehmer beginnen daraufhin, anhand der gestellten Fragen die eigene Gebrauchsanweisung zu „basteln". Sie kleben Bilder und Sticker, sie nutzen Zeitungsausschnitte, viele malen persönliche Dinge, schreiben, schneiden.

Und das alles mit einem Ziel: das eigene Arbeitsverhalten bildlich darzustellen.

Nach einer halben Stunde präsentiert jeder Mitarbeiter dem Team seine Arbeit und erklärt sich und seinen Arbeitsplatz. Alle anderen Teammitglieder lernen verstehen, warum der Kollege zum Beispiel immer Müsliriegel in der Schublade hat, warum ein anderer sich über Post-its organisiert, wieso dem einen das Mittagessen heilig ist oder weshalb der andere Excel liebt.

Dabei gibt es erfahrungsgemäß immer einige „Aha-Erlebnissen" und auch der Humor kommt nicht zu kurz. Die Kollegen beginnen, die Dinge, die sie eben noch stirnrunzelnd am Mitarbeiter beobachtet und bewertet haben, aus einer neuen Perspektive zu betrachten. Sie fangen an, die Eigenheiten des anderen zu tolerieren, sie lassen nun plötzlich das gelten, was sie im Grunde ablehnen, weil es nicht ihrem Denkmuster, ihren Vorstellungen entspricht.

Die gegenseitige Einstellung im Kollegenkreis verläuft dann teilweise von „Das ist doch unmöglich!" vor der Übung zu „Das ist ja interessant!" nach der Übung.

Wer jetzt glaubt, das seien doch alles Petitessen, die keine Rolle spielen dürften, der hat als Führungskraft vielleicht …

… noch nie einen Büroumzug mit dem Team durchgeführt und weiß nicht, dass eine verloren gegangene Topfpflanze wochenlang für Trübsal sorgen kann – und dass Mitarbeiter unter Umständen eine „Revolte anstiften", weil das Deckenlicht zu grell ist.

… noch nie Menschen mit einem chaotischen Schreibtisch eine gewisse Schlampigkeit oder Unfähigkeit unterstellt.

… noch nie Mitarbeitern eine fehlende Motivation zugeschrieben, die erst gegen 09:30 Uhr im Büro auftauchen.

▶   Alle anderen wissen, wovon ich spreche, wenn ich sage: Diese vermeintlich nebensächlichen Kleinigkeiten spielen für das Funktionieren eines menschlichen Miteinanders eine essenzielle Rolle!

Denn unsere Denkmuster, die sich aus unseren Gewohnheiten und Beobachtungen heraus entwickelt und ausgebildet haben, formen uns oftmals dysfunktionale Annahmen über den anderen.

Damit wir uns von diesen Annahmen lösen und ganz neu darüber nachdenken, braucht es den (im vorigen Kapitel bereits ausführlich besprochenen) Unterschied. Etwas, das uns überrascht, uns aus der Denkschleife herausholt.

Und die Erklärungen des anderen darüber, warum er spät im Büro auftaucht, warum der Tisch voll ist, warum die Topfpflanze wichtig ist, sind eine sehr gute Ausgangsbasis, um diesen Unterschied in Form von vorher/nachher zu machen.

Wie erwähnt, braucht es für das Kennenlernen der jeweiligen „Gebrauchsanleitung" keinen Workshop oder Teamtag.

Gerade für diejenigen unter Ihnen, die vielleicht vor kurzem neu ein Team übernommen haben oder einen neuen Chef bekommen haben, empfehle ich dringend, diese „Gebrauchsanleitung" beim Chef, Mitarbeiter oder Kollegen zu erfragen.

Die vorgeschlagenen Beispielfragen sind für das Gegenüber zumeist nachvollziehbar, wenn Sie erklären, warum sie für Sie wichtig sind:

a. „Jetzt, da wir neu zusammenarbeiten, hätte ich noch ein paar Fragen an Sie, die mir helfen würden, mit Ihnen zu interagieren …"
     oder auch

b. „Jetzt, da Sie über Jahre einen anderen Chef gewohnt waren, denke ich, es ist hilfreich, wenn wir uns gegenseitig besser kennenlernten. Ich schlage vor, wir erklären uns hierfür ein paar Dinge über unser Arbeitsverhalten"

3.3 Selbstbestimmt

Wie ich bereits zu Beginn dieses Kapitels angemerkt habe, registrieren meine Klienten oftmals nicht, dass ihre dysfunktionale Arbeitsmethodik eine der Ursache dafür ist, dass sie sich immer wieder über bestimmte Dinge beschweren: zu wenig Zeit, zu viel Termine, zu viel Gespräche, zu wenig Information.

All das lässt sich natürlich nicht ausschließlich auf eine fehlende Arbeitsmethodik zurückführen. Und doch ist Ihre Arbeitsmethodik etwas, auf das *Sie direkten* Einfluss haben. Prinzipiell empfehle ich Ihnen, sich auf das zu konzentrieren, das Sie – nahezu unabhängig von anderen – ändern und beeinflussen können.

▶ Bei all der Ohnmacht, die der ein oder andere empfinden mag, wenn es um den persönlichen Einfluss im Job geht, kann die Veränderung und Verbesserung der eigenen Arbeitsmethodik ein sehr sinnstiftender und zufriedenstellender Prozess sein.

Mir fällt im beruflichen Kontext nichts ein, in dem Ihr Eifer, Ihre Disziplin und Ihre Zeit sinnvoller investiert sind, als in die aufmerksame Betrachtung und Beachtung Ihrer persönlichen Arbeitsmethodik.

Literatur

Malik F (2006) Führen Leisten Leben. Campus, Frankfurt, S 316

Dank

Neben meinem Lektorat Frau Dr. Eleonore Föhles und meinen Ansprechpartnern im Springer Gabler Verlag Juliane Seyhan und Sabine Bernatz, möchte ich besonders Dr. Brigitte Wolter und Katrin Hormann für ihre wertvollen Rückmeldungen zu den Texten danken.

Zoe … diese Zeile ist nur für Dich!

© Springer Fachmedien Wiesbaden GmbH, ein Teil von Springer Nature 2019   125
A. Götze, *Was erfahrene Führungskräfte wissen sollten*,
https://doi.org/10.1007/978-3-658-26576-2

Über die Autorin

Alexandra Götze wurde 1972 geboren und arbeitet als Coach und Beraterin mit Führungskräften und Unternehmen an den Fragestellungen einer komplexen Arbeitswelt. Sie selbst hat über 20 Jahre praktische Erfahrung als Führungskraft gesammelt, bevor sie sich im Jahr 2012 entschied, den Fokus ihres Arbeitsalltags auf das Coachen und Beraten von Menschen zu legen.

Den Nutzen Ihrer Arbeit definiert sie als „Zeit zum Denken" für Ihre Kunden. Zeit, die ihre Klienten dringend brauchen, um Intoleranz ab- und Selbstwirksamkeit aufzubauen. Zwei Felder in denen Alexandra Götzes Kunden akuten Veränderungswunsch verspüren und daher angehen wollen, um sich selbst mit mehr Gelassenheit im beruflichen wie privaten Umfeld zu bewegen.

© Springer Fachmedien Wiesbaden GmbH, ein Teil von Springer Nature 2019
A. Götze, *Was erfahrene Führungskräfte wissen sollten*,
https://doi.org/10.1007/978-3-658-26576-2

Neben der fortwährenden Weiterbildung zu systemischen Ansätzen und Fragestellungen studiert Alexandra Götze aktuell an der Goethe Universität Frankfurt Philosophie und Religionswissenschaften. Zwei Disziplinen, die thematisch hervorragend zu den großen „Sinnfragen" passen, die in den letzten Jahren vermehrt von ihren Klienten an sie herangetragen werden.

Dies ist Alexandra Götzes zweites Buch. Ihr Debüt, der Sachbuchroman „Ich liebe meinen Job ... dachte ich jedenfalls" erschien im Dezember 2016.

Alexandra Götze ist verheiratet, hat zwei Kinder im Alter von 15 und 17 Jahren und lebt in Wiesbaden.

Weiterführende Literatur

Bauer J (2015) Selbststeuerung. Random House, München
Callahan C (2003) Abenteuer Denken. Genius, Bremen
Dörner D (2014) Die Logik des Misslingens. Rowohlt, Hamburg
von Foerster H (1993) KybernEthik. Merve, Berlin
von Foerster H (2008) Der Anfang von Himmel und Erde hat keinen Namen. Kadmos, Berlin
von Foerster G (2010) Wie wir uns erfinden. Carl-Auer, Heidelberg
von Glasersfeld E (2013) Konstruktivistische Erkundungen durch unser Denken. Carl-Auer, Heidelberg
Herder J (1994) Vom Erkennen und Empfinden der menschlichen Seele. Bemerkungen und Träume. In: Bollacher M, Brummack J (Hrsg) Johann Gottfried Herder. Schriften zur Philosophie, Literatur, Kunst und Altertum, Bd 4. Bibliothek deutscher Klassiker, Frankfurt am Main, S 1774–1787
Hilgers M (2013) Scham. Vandenhoeck & Ruprecht, Göttingen
Kaku M (2015) Die Physik des Bewusstseins. Rowohlt, Hamburg
Kelly G (1986) Die Psychologie der persönlichen Konstrukte. Junfermann, Paderborn
König S (2016) Einführung in die Gruppendynamik. Carl-Auer, Heidelberg
Malik F (2015) Navigieren in Zeiten des Umbruchs. Campus, Frankfurt
Pörksen (2018) Die große Gereiztheit. Carl Hanser, München
Pruckner M (2014a) Komplexität im Management 1. Books on Demand, Norderstedt
Pruckner M (2014b) Komplexität im Management 2. Books on Demand, Norderstedt
Raddatz S (2013) Beratung ohne Ratschlag. VSM, Wien
Simon F (2015a) Einführung in die systemische Organisationstheorie. Carl-Auer, Heidelberg
Simon F (2015b) Einführung in die Systemtheorie des Konflikts. Carl-Auer, Heidelberg
von Thun P (2014) Kommunikation als Lebenskunst. Carl-Auer, Heidelberg
Ulrich P (1990) Anleitung zum ganzheitlichen Danken und Handeln. Haupt, Stuttgart
Watzlawick P (2015) Anleitung zum Ungklücklichsein. Piper, München
Watzlawick P, Beavon JH, Jackson D (2012) Menschliche Kommunikation. Huber, Bern
Wiener N (1963) Kybernetik. Econ, Düsseldorf
Yalom I (2009) Und Nietzsche weinte. Random House, München

© Springer Fachmedien Wiesbaden GmbH, ein Teil von Springer Nature 2019
A. Götze, *Was erfahrene Führungskräfte wissen sollten*,
https://doi.org/10.1007/978-3-658-26576-2

The manufacturer's authorised representative in the EU is Springer
Nature Customer Service Centre GmbH, Europaplatz 3, 69115 Heidelberg,
Germany. If you have any concerns regarding our products, please
contact ProductSafety@springernature.com

Printed and bound by CPI Group (UK) Ltd, Croydon, CR0 4YY
27/04/2026
02097635-0006